賢い
スポーツ少年を
育てる

みずから考え行動できる子にするスポーツ教育

永井洋一◉著
Yoichi Nagai

大修館書店

まえがき

この本の中でキーワードとなるのは、考える、判断する、という言葉です。タイトルにあげた「賢いスポーツ少年」とは、人に指示されたことに盲目的に従うのではなく、自ら考え、判断できる力が養われている子ども、ということです。日本のスポーツ界ではこの、考える、判断することの訓練が、特に少年期の指導ではとても不足していると感じています。

さて、サッカー、バレーボールなど日本で少年スポーツが盛んな種目には、ある共通した特徴があります。少年期の試合では海外のスポーツ強国に負けない成績を挙げることが多いにもかかわらず、彼らが中学、高校を経て大人になるにつれ、次第に海外勢に勝てなくなる傾向があるということです。少年時代に勝てていたのだから、そのまま順調に大人になればオリンピックや世界選手権でも勝つはずなのに、そうではない。なぜでしょう。考える、判断する、というキーワードとともにこの本を読んでいただければ、そうした事象の原因が見えてくると思います。

オリンピックや各スポーツの世界大会を見ていて、日本人アスリートが、ここ一番、という時に勝負弱いと感じることが多くあります。もちろん、WBC韓国戦で起死回生のヒットを打ったイチロー選手や、水泳・平泳ぎで二大会連続金メダルを獲得した北島康介選手など、勝負強さが際立つアスリートも存在します。しかし総じて日本人アスリートは、「これを決めれば」という場面や「ここで流れを引き寄せたい」という場面で、そのチャンスを逃してしまうことが多いように感じます。日本人アスリートのメンタルの弱さです。なぜ選手たちがそのようにメンタルの弱さを露呈するように育ってしまうのでしょう。こうした現象についても、考える、判断する、というキーワードとともに読んでいただければ、その原因が見えてくると思います。

ところで、近年の日本の子どもたちは、大きな夢を持たず、安定志向で、手の届くことにしか努力をしないと言われます。失敗や人間関係の軋轢を極度に恐れ、平穏無事にまとめることを第一義とし、周囲の空気を読むことに腐心するといいます。一方、親たちは情報化社会の中で「平均」「標準」ということにひどくこだわり、自分の子どもの個性を見るよりも、一般的な「子ども像」ばかり気にします。その結果、スポーツをする子どもたちの中にも、その言動や行動に、事なかれ主義、責任回避を感じさせるものが目立っています。均一化ばかりが進み、自ら考え判断し、適切な行動をとる力が子どもたちに育ちにくい環境になっています。そうした状況でスポーツ指導が子どもたちの成長に寄与できることは何でしょう。これについても、考える、判断する、というキーワードで見ていきます。

このように、この本の中では、日本のスポーツと子どもにかかわるさまざまな事象を、考える、判断する、というキーワードで見ながら、子どもの成長について考えていきます。私は『スポーツは「良い子」を育てるか』（生活人新書・日本放送出版協会、04年）と、『少年スポーツ ダメな指導者 バカな親』（合同出版、07年）の中で、日本の少年スポーツの環境に警告を発する一方、スポーツの世界から考える「よい子」の姿を模索してきました。この本の中で、あるべき姿として提示する子どものイメージは、その模索への一つの回答です。そのイメージが、読者の皆様のスポーツ指導を巡る議論の題材になればと思います。

南アフリカW杯の日本代表の試合に一喜一憂しつつ。

２０１０年６月

永井　洋一

目次

chapter 2 スポーツ技術が賢く身につくメカニズム

chapter 5 スポーツが育てる「よい子」とは

chapter 1

スポーツが育てているのは何だ

1——運動部員の不祥事から透けて見えるもの

「さわやか」なはずなのになぜ悪事を？

２００９年1月の箱根駅伝は、柏原竜二選手の健闘などで東洋大学が見事、優勝を飾りました。しかし、同大はその1か月前の２００８年12月、同じ陸上部員が強制わいせつの容疑で逮捕され、一時、出場辞退が取り沙汰されました。たった1か月の間に、社会的不祥事と大会制覇という両極の出来事が、同大の中を走り抜けていきました。

学校の運動部の関係者が不祥事、事件を起こすと、所轄のスポーツ団体によって、対象となる選手、指導者などに注意、処分が行われます。特に高校生の運動部員が起こす不祥事に対して最も厳しい目を光らせているのが、高野連（高等学校野球連盟）でしょう。野球は日本のトップスポーツで人々の注目度が高く、また、プロ選手の育成機関的な役割もあることから、選手の行動に対して他の種目よりもとりわけ厳格な基準を持つようです。

その高野連で毎月開催される審議委員会では、カンニングから刑事事件まで、学生の起こす大小さまざまな不祥事が取り上げられ、処分等について話し合われます。その審議会で取り上げられる不祥事は、年間1000件を超えるそうです。近年では、加熱した勝利主義のためか、特定の学校やチームを陥れるためと思われる虚偽に近い密告などもあるようですから、1000件のすべてが実際に問題とされる事項ではないでしょう。それにしても、その数の多さには驚かされます。

高野連から「処分」を受けた高校は、2009年は29校でした。前年の2008年は27校、前々年の2007年では29校です。処分の理由には窃盗、暴力、喫煙、飲酒が多数を占めます。毎年、約30の高校野球部で盗んだり、殴ったり、未成年なのにたばこを吸ったり、お酒を飲んだりという、反社会的な行為が発生し、対外試合禁止などの重い処分が課されているのです。こうした高野連の処分は常にメディアを賑わせ、野球ばかりが不祥事の温床になっているかのような印象を受けますが、そうではありません。野球は最も注目度の高いスポーツであることと、高野連がとりわけ厳しい姿勢を持っていることから、野球部員の不祥事がことさら大きく報道されるだけで、他の種目でも不祥事は起きています。

例えば、2007年11月には神奈川県の有名私立高校1年生の柔道部員が、酒に酔ったあげく、路上で女性からショルダーバッグを強奪するという事件が起きています。また、2008年6月には、後に全国高校サッカー大会に出場した学校の部員が、強制わいせつの疑いで逮捕されました。1種目ずつ取り上げていけばきりがありません。何も野球部員だけが突出して不祥事を起こすのではなく、運動部員の不祥事は種目を越えて存在します。

さて、高校生の不祥事を取り上げましたが、大学スポーツでも事件は繰り返されています。2004年8月、日本体育大学スキー部員が女子部員にわいせつ行為をして逮捕されました。同年12月、亜細亜大学野球部員が電車内で集団痴漢を行い、主犯格が逮捕されました。同月、今度は国士舘大学サッカー部員が集団で婦女暴行を行い、逮捕者を出しました。翌05年12月には京都大学アメリカンフットボール部員が、07年5月には同志社大学ラグビー部員が、ともに婦女暴行で逮捕されています。同年11月には関東学院大学ラグビー部員が大麻を栽培して逮捕されました。08年11月には、愛知学院大学バレー部OBが、在校時代からいじめ、暴行を繰り返していた後輩を恐喝して現金を奪い、逮捕されています。

2009年3月には日本体育大学陸上部員が大麻取締法違反容疑で捜査を受け、コーチなど関係者が解任される事件が起きました。同年6月には、京都教育大学の陸上部、アメフト部、サッカー部、ハンドボール部の部員を含む学生たちが、女子学生に集団で性的暴行を加えていたことが判明しました。何と彼らは体育教師の卵でもありました。7月には関西大学野球部の部員が恐喝で逮捕され、8月には天理大学ホッケー部の部員が窃盗で逮捕されました。9月には近畿大学ボクシング部の部員が強盗で逮捕され、部は廃部に追い込まれました。

事件を起こしたのは生徒、学生ばかりではありません。２００９年8月には、覚醒剤取締法違反で熊本工業高校の教諭が逮捕されました。彼は高校時代、選抜甲子園大会に出場経験があり、卒業後、同校の野球を指導していました。指導者自らが覚醒剤を使用していたのです。

うんざりするような事例を列挙してきました。世の中に事件、不祥事は無数にありますが、その中で、スポーツマンが関係する事例が突出して多いとは思えませんし、また、そうした統計データも見たことがありません。むしろ、スポーツマンが関係していない事件、不祥事の方が圧倒的に多数でしょう。しかし、今、列挙したような現実を見せつけられると、何か心にひっかかるものを感じる人は多いのではないでしょうか。それは、一般に私たちがスポーツマン、あるいは運動部員に対して、「さわやかさ」「礼儀正しさ」「純真さ」といった、不祥事、事件とは対極にあるイメージを抱き、期待しているからではないかと思います。

実際、さわやかで、礼儀正しく、純真なスポーツマンは数多く輩出されているはずです。ところが、その一方で、窃盗し、暴力を振るい、未成年なのに喫煙、飲酒する高校生スポーツマンが存在し、女性を襲い辱める大学生スポーツマンも存在します。同じスポーツという世界から、なぜ、このように両極端の人間が育ってしまうのでしょう。この点について、私たちは真剣に考えねばならないと思います。なぜなら、自分の子どもにスポーツをさせる親たちは皆、我が子がさわやかで、礼儀正しく、純真なスポーツマンに育ってほしいと願っているはずです。また、フェアプレーの精神を身につけ、社会のルールを遵守する人間に育ってほしいと願っているはずです。しかし、どこかでボタンを掛け違えてしまえば、同じスポーツマンでも反社会的な行動をとる人間に育ってしまう恐れがあるということを、我々は認識しなければなりません。

不祥事、事件を起こした少年、青・成年たちも、もとは皆、さわやかで、礼儀正しく、純真なスポーツマンになる素質があったはずです。私は、生まれた時から反社会的な人間になる運命の子どもなど、一人もいないと信じています。皆、育っていく環境の中で、次第に周囲から影響を受け、変化していくのだと信じています。では、なぜ、一部のスポーツ少年たちは反社会的な行動をとる人間に変わっていくのでしょう。彼らが没頭したスポーツ活動の中に、そうした行動を誘発する何かがあるのでしょうか？ それを考えていく前に、さきほど列挙した不祥事、事件がどのようなものなのか、視点を変えてもう少し細かく見ていきましょう。

原因は自己コントロールの未熟さ

不祥事、事件を起こすような反社会的な行動が、特にスポーツマンに数多く現れるというわけではないはずです。確率論から言えばスポーツをする、しないにかかわらず、ある年代の一定の人数の中から犯罪が生じる率に従って、不祥事、事件を起こす人は出てくるのでしょう。ですから、不祥事、事件の直接の要因として、簡単に「スポーツをしていること」を位置づけることはできないと思います。

それでも私たちは、スポーツに携わる人間は、不祥事、犯罪とは正反対の位置にいてほしいという強い願望を持っています。実際、スポーツマンは、日々のトレーニングや試合の交流を通じて、フェアプレーの精神やルール遵守の態度を一般の人々より強く意識させられているはずです。また、スポーツマンは過酷なトレーニングに耐え、勝負の世界で緊張や不安に立ち向かう毎日を通じて、人一倍、強い自己コントロールを求められています。ですから私たちは、確率論とは別に、スポーツマンが不祥事、犯罪に関わることは「あってはならないこと」と望み、期待しますし、それが裏切られたときに強いショックを受けるのです。

高野連の事例で処分の理由になっている多くが暴力(いじめも含む)、窃盗、飲酒、喫煙です。また、大学生が起こし問題になった事件の多くが婦女暴行、強制わいせつです。こうした事例に共通するのは、刹那的に立ち上がる欲望、誘惑に対して、それを自制できない心理という関係です。不機嫌になった時、あるいは怒りが生じた時に簡単に手を出して相手を傷つける。ほしいと思えば盗んででも手に入れる。性的欲望が高まれば平気で女性を物のように扱う。いずれも欲望の生じるがまま、といった行動です。

彼らはなぜ、このような、本来スポーツを通じて醸成されると期待されているルール遵守、自己コントロールといった能力が欠けるような行動をとってしまうのでしょう。なぜ欲望が生じるがままに暴走してしまうのでしょう。そこを考えねばなりません。

ところで、私たちの脳は、ごくおおざっぱに言うと三つの層からできています。いちばん奥深くにある層は「脳幹」といって、生命の基本的な機能をコントロールする働きを持ちます。呼吸をしたり、血液を流したり、排泄したり、生命を維持するための自動的、機械的な機能を司る部分です。最も原始的な脊椎動物は、こうした機能しか持ち合わせておらず、生きるためにプラスかマイナスか、という選択だけを頼りにひたすら摂食、排泄を繰り返して一生を過ごします。

進化が進むと、その生命の基本を司る部分の上層に「大脳辺縁系」と呼ばれる部分が発達し、情動、すなわち喜怒哀楽の発生に関わる働きが加わります。この機能が加わると、生物はただ生きるだけではなく、感情、気分などを表すようになります。ほ乳類の多くにはこの情動の発現がありますから、ペットを飼っている人は、愛犬が喜んでいるのか不機嫌なのかがわかります。

なぜこのように脳の話を持ち出したかといいますと、私は、不祥事、事件を起こすスポーツマンたちが、脳の機能のうち、ここまで紹介した二つの部分の働きばかりが強くなっているように思えてならないからです。彼らは、原始的、本能的な欲求、あるいは感情的な高まりがあると、制御できずにそれを満たす行動を短絡的にとってしまいます。ある意味で、低次元の脳の働きばかりが優位になっているように思えてならないのです。

私たちの脳には、動物たちと違って、今、紹介した二つの層の上に、「大脳新皮質」という、進化した層を持っています。それは、脳幹で生じる生物的な欲求や、大脳辺縁系で生じる情動の働きを、暴走しないようにうまく抑制する働きを持つ部分です。私たちはしばしば、「モノがほしい」という欲求にかられます。あるいは感情が高ぶった時に「殴りかかりたい」という欲求が起きることもあります。また、異性に対して性的な欲望を抱くこともあります。そうした脳の下位の部分で生じた働きに対して、冷静さや、客観的視点、あるいは知的判断を動員させて行動をコントロールするのが大脳新皮質なのです。

大脳新皮質の中で、特に「前頭連合野」と呼ばれる部分は、物事を企画したり、創造したり、予想したりする部分です。経験したことを振り返り、反省したり吟味したり分析したりもします。相手の立場を思いやったり、気遣いをしたり、共感したり、仲間と一体感を共有したりする部分でもあります。自分の利益にならないことに労力を惜しまないような行動も生み出します。つまり、人間が社会性を有し、文化を築き、知的活動を営むのに最も重要な役割を果たしているのが、この前頭連合野と言えます。

もし、不祥事、事件を起こしたスポーツマンたちが、この前頭連合野を十二分に働かせていたなら、欲望に従って暴走する前に考え直していたはずです「ちょっと待て、これは人としていけないことだ」と。しかし彼らはそれができなかった。ではなぜ、できなかったのでしょう。それは、彼らが物心ついてからというもの、スポーツを通じて前頭連合野を十二分に働かせること、つまり、何かあった時に自分の頭で考え、判断しながら客観的な視点を交えて行動をコントロールしていくということを、必要なだけ訓練されていないからではないか、と私は思うのです。

前頭連合野を働かせるということは、簡単に言えば、本能や感情によって見境なく行動するのではなく、考え、工夫して行動し、行動した結果に吟味、分析を加え、次によりよい行動を生み出していくことだと思います。それは、人から言われたとおりに機械的に動いているだけではなかなか醸成されません。また、与えられたことを自動的に消化しているだけでは形成されません。自ら考え、悩み、失敗し、反省し、予測・想像する中から醸成されていくのです。

考えさせない、判断させない環境が多くはないか？

佐山和夫氏はその著書『ベースボールと日本野球』（中公新書、1998年）の中で、慶應大学・池井優教授とかわした会話として、次のようなエピソードを紹介しています。少年野球の日米対戦の際、日本の監督が少年たちに「ツーストライクまでは絶対に打たず、できるだけフォアボールを取ろう」と指示したというのです。その結果、日本は押し出し四球にものをいわせて勝利を手にしたそうです。それを見た池井教授が「あれで本当にベースボールをしたことになるのでしょうかね」と語ったと紹介されています。

このエピソードは、日米の野球観の違いを「攻め」「守り」という視点から論じたものの一部です。しかし私は、このエピソードの中に、日本の少年スポーツによく見られる要素が盛り込まれていると思いました。それは、大人が有無を言わさず、子どもたちにひたすら「勝利のための術」を教え込み、子どもがそれを自動的に取り入れて実践することで勝利を得ていく、という図式です。

佐山氏は次のように続けています。「……四球で攻めることの方がより確実な勝利への道と見たのだろう。そしてその戦法は功を奏して、彼らは勝ったというわけなのだ。しかし、それで立派に野球をしたことになるのかどうかとなると、確かに大いに疑問だ。ど真ん中のストライクを見逃しつつ、四球による出塁をひたすら狙っていた子供たちは、どんな気持ちだったろうか。やはり、いい球が来たときには、思い切りバットを振りたかったのではないだろうか。……」

ピッチャーとの駆け引きは、野球のバッティングの醍醐味の一つではないでしょうか。試合経過、アウトカウント、出塁の状況、そしてストライク数とボール数、そうしたさまざまな要素が凝縮した中で、ピッチャーが次にどのようなボールを投げてくるのか、バッターは予測します。予測の中では、ピッチャーとの過去の対戦の経験、集積されたデータ、これまで見せている投球のクセ、決め球の種類なども考慮されるでしょう。そうした、さまざまな要素を総合して、バッターは次の一球にフルスイングするのか、バットを短く持って当てるのか、レフト側に引っ張るのかあるいはライト側に流すのか（右バッターの場合）、などのスイング方法を決めます。

こうした一連の判断は、とりもなおさず前頭連合野をフル回転させる活動です。少年野球ですから、プロのように多様な状況を想定して対応していくことはできないでしょうが、少なくとも打つべきボールか、見逃すボールかは、子どもなりに判断できるでしょう。しかし、それさえもさせずに「とにかく待て」と指示して、子どもに判断させる猶予を与えない。監督に言われたとおりに、機械的に動くことしか許さない。もし、こうした状況が日常的に行われているのだとしたら、子どもが自分の頭で考え、判断し、試行錯誤して行動するということ、すなわち前頭連合野をフル回転させて自分の行動を決めていくという訓練が不十分なまま育っていく、という事態になりかねません。

何もこうした現象が見られるのは野球ばかりではありません。私の専門のサッカーでも、似たような事例を発見することは実にたやすいことです。最も多く見られるのが、試合中の守備の場面でディフェンスの選手にひたすらキックをさせる、という指導です。もちろん、守備の場面では安全第一ですから、場合によってはパスなど考えずに前方に蹴り出すプレーも必要です。しかし、そのようにケース・バイ・ケースでプレーさせるのではなく、どんな場合にもキックで蹴り出すことを指示するのです。そうさせた方が失点、敗戦のリスクが少ないからです。

本来、サッカーのプレーでは場面場面で選手が次にどのようなプレーをすればよいか、判断を下さねばなりません。そうした瞬時の判断が繰り返される中でプレーがつながり、試合が進んでいきます。ある場面ではピンチだからボールを前方に蹴り出しても、次の場面で時間、空間に余裕があるなら丁寧にパスをつなぐ。そうしたプレーの「使い分け」を選手、各自が即興でしていかねばなりません。言い換えると、そうした作業の繰り返しの中で子どもたちはサッカーのプレーの真髄を覚え、面白味を会得していくわけです。そういう意味では、サッカーも、ワンプレー、ワンプレーが前頭連合をフル回転させる活動なのです。

ところが、子どものようにプレーが未熟な場合、そのように前頭連合野を働かせて、つまり、各自に考え、判断させてプレーさせると、当然、判断力の未熟さから失敗のリスクが高まります。実は、その失敗を糧に試行錯誤していくことこそ大事なのですが、それを受け止める余裕がない指導者がいます。子どもの失敗が敗戦の要因になり、自分が敗軍の将になることに我慢できないのです。その結果、前頭連合野を駆使すること、つまり子どもにプレー・バイ・プレーで判断させることを避けて、機械的に決められたことに反応するプレーを反復、徹底させるのです。その一つが、どのような場合にもひたすら蹴り出すというプレーなのです。

ここで取り上げた、少年野球の「四球待ち」と少年サッカーの「ひたすらキック」は、ともに勝利に近づく「術」ではあります。それをした方が目前の試合の勝利の確率は高いのかもしれません。しかし、繰り返すように、そのプレーを通じて子どもたちは前頭連合野を十分に活用しているとは言えません。それどころか、指導者に指示されたことに機械的に順応するという行動しか訓練されていないことになります。こうした行動を日常化していった時、その子どもたちが長じてどのような人間に育つのか、私は危惧します。

高校生、大学生のスポーツマンの不祥事、事件の多くは、理性、常識、道徳、倫理といった、前頭連合野が司る人間の知的活動が機能しないことで起きました。少年時代から、プレーごとに自分の頭を使って判断していくのではなく、「四球待ち」「ひたすらキック」のように、機械的に反応していくことを繰り返していくなら、自分の行動を前頭連合野を駆使してコントロールする力は、なかなか醸成されないと思います。自己コントロールの力が養われていない子どもは、やがて本能、欲望に押し切られて暴発的な行動をとってしまう人間に育つ恐れがあるのではないでしょうか。

2――「考えさせない」ことの悲劇

スポーツの「勝利」と「楽しさ」の解釈

前頭連合野を駆使して考え、判断してプレーする選手を育てようとせず、逆に、考える前に自動的に決められた動きを反復する選手を育てようとする。そんな指導者がいると、子どもたちがスポーツを知的に解釈していく機会が制限されてしまいます。それはとても憂うべき事態であり、子どもたちにはスポーツをプレーする中で、きちんと自分の頭で考え、判断させる習慣をつけさせなければいけないと、私は30年間、主張し続けています。しかし、そうした私の主張に対して、必ず反論する人がいます。そういう人たちの言い分はこうです。

「永井の言いたいこともわかるが、そのようにして育てても、試合で負けてしまっては元も子もない。子どもたちは勝つことが楽しいからスポーツをするのだ。だから、まず勝たせて、勝つ喜びを味わわせてやらねばならない。いろいろ理屈を言うのはそれからだ」

確かに勝利の喜びは大きいと思います。しかし、本当にそうなのでしょうか。子どもたちがスポーツすることで得る喜びの中に、それほど「勝利」が大きな位置を占めているのでしょうか。『青少年のスポーツライフ・データ2006』(笹川スポーツ財団編)は、青少年のスポーツに対するさまざまな調査結果を提示しています。その中の「スポーツへの態度」という項目を見ると、青少年が「運動・スポーツを行った理由」が以下のようにまとめられています(小・中学校期の上位3項目のみ抜粋、単位%)。

	小学校期	中学校期
1．楽しいから	74・2	72・0
2．好きだから	67・2	66・0
3．うまくなりたいから	69・0	65・6

上位3項目は「楽しいから」「好きだから」「うまくなりたいから」でした。これに対して「勝ちたいから」は小学校期が31・8％、中学校期が42・2％となっています。特に小学校期では、「勝ちたいから」という理由の約2倍以上の数で「うまくなりたいから」が挙げられ、また「楽しいから」「好きだから」に関しては、さらに大きな数になっています。つまり、大人たちが声高に叫ぶほど、子どもたちは勝利を第一義とはとらえていないのです。「子どもは勝つことが楽しいからスポーツをするのだ、だから勝たせることが先決だ」という主張をする人は、子どもの心理を正確につかめていないことになります。勝つことが楽しく、それが第一義だとする考えは、自分が勝利監督という快感を味わいたいという指導者のエゴの投影なのではないでしょうか。もしそうなら、そこには子どもの将来を思い、スポーツを通じて子どもを育てるという視点は欠落していますし、少年期のスポーツ指導者としては失格です。

さて、「運動・スポーツを行った理由」で示された上位3項目をもう一度見ると、その中には、切り口こそ異なれど、互いに関連する要素があることに気づきます。すなわち、子どもたちはあるスポーツ種目が「好きだから」こそ「うまくなりたい」と思うし、その種目がうまくなれば「楽しい」と感じる、という関係です。これが、スポーツに携わる子どもたちの正直な心理でしょう。子どもたちは、もちろん勝つことも大事だけれど、それよりも、好きだから上手になりたいし、上手になってプレーすること自体が楽しいのです。

さて、「楽しい」という言葉を聞くと、私はすぐに千葉（旧姓）すずさんを思い出します。千葉さんは競泳選手として国際レベルで活躍された方で、容姿端麗なこともあり、何かとメディアの標的にされ続けました。遠慮会釈のない下品な加熱報道に不満を抱いていた千葉さんは、アトランタオリンピックに際して、メダル、メダルと紋切り型のインタビューを繰り返すだけのメディアに対し「楽しむだけです」と無愛想に応えました。その時の憮然とした表情とコメントの内容が、当時、物議を呼びました。「国の代表として闘うのに楽しむとは何事か」と。その一件以降、アスリートの「楽しむ」という表現が、さまざまな形で解釈されるようになっています。

もちろん、千葉さんの応対には、浅薄かつ失礼な取材を繰り返すメディアに対する抗議の心情も含まれていました。それを考慮に入れた上でも、私は当時、千葉さんには言葉どおりオリンピックを大いに楽しんでいただきたいと思っていました。また、現在も今後も、世界の大会に臨むトップアスリートたちに対しては、楽しむ気持ちを忘れずにいてほしいと思っています。ただし、このように主張させていただくには、まずここで言う「楽しむ」という言葉の示す概念をきちんと整理し、理解していただく必要があります。また、そのことを通じて、子どもたちが運動・スポーツを行った理由として第一に「楽しいから」を挙げた意味も見えてくるのではないかと思います。

私は「楽しむ」という概念は大きく二つに分けられると考えています。一つは英語のFUNという単語に相当するもので、どちらかと言えば一時的に感情が発散されるような楽しさです。芸人さんのコントを見てつい笑ってしまうとか、冗談を言って笑うとか、そのような類の「楽しさ」です。もう一つは英語のINTERESTINGという単語に相当するもので、こちらは古語でいう「いとをかし」、つまり「興味深い」とか「考えさせられる」とか「啓発される」といった類の、知的に刺激されたことに対して沸き上がる「楽しさ」です。

私が千葉さんに同意したのは、彼女がコンマ何秒かを競うために、わずかな体勢のねじれ、あるいは指先の曲げ方などに微細にこだわりながらしのぎを削る醍醐味、すなわち選ばれしトップアスリートだけが知りうる、知力、体力を尽くした極限の競い合いの奥深くにある「楽しさ」を知っているから、と信じたからです。つまり私は、千葉さんはINTERESTINGの意味で「楽しむ」世界を知っている人と信じたのです。千葉さんのコメントが物議を呼んだのは、「楽しむ」という表現が「不真面目」「刹那的」というイメージを含むFUNの概念でとらえられたからでしょう。

ともあれ、私はスポーツの「楽しさ」は、もちろん感情発散的なFUNの要素もありますが、よりINTERESTINGの要素が大事だと考えています。なぜなら、スポーツが人間の歴史とともに営々と続けられてきたのは、まさにスポーツがFUNを超越し、INTERESTINGな活動だったからと思うのです。子どもたちがスポーツを「好きだから」こそ「うまくなりたい」と思い、その種目がうまくなることで「楽しい」と感じるのは、まさにこのINTERESTINGの感覚の萌芽なのではないでしょうか。

なぜスポーツは文化として継続されてきたか

有史以来、スポーツ的な行為はさまざまな遺物に残されています。古代人の行いが遊戯なのか儀式なのかスポーツなのか、その解釈はさまざまですが、非日常的行為として人と人とが体を使い、何かを競い合って楽しむという形態として広く見ていくなら、人類の歴史のかなり古くからスポーツ的な活動が見られます。アメリカで出土したBC7000年頃のもの

図1-1　推定9000年以上前の地層から出土した遺物

「スポーツ人類学入門」K・ブランチャード、A・チェスカ著、大林太良、寒川恒夫訳、大修館書店

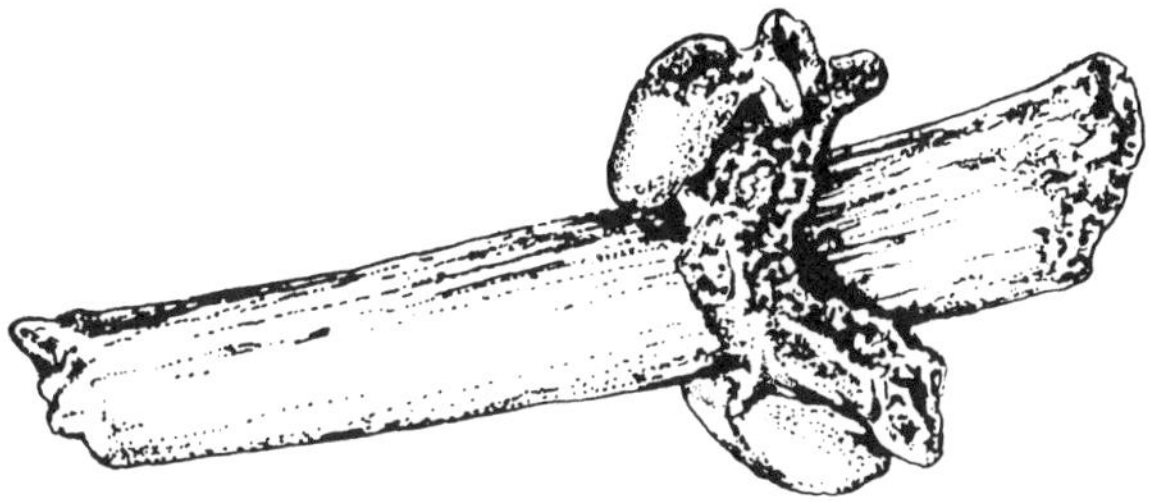

と推定される遺物は、鹿の角と骨を加工して、棒状のものにリングを通す、ケン球のようなゲームの道具とされています（図1—1）。BC3500年前後のメソポタミアの石盤には、レスリングらしき様子が描かれています。BC2000年前後の古代エジプトの壁画には、ボール状の用具を使った活動の様子が描かれています。「競技大会」という概念で見るなら、古代オリンピックはBC776年から記録が残されています。

こうした、現在に至る何千年来のスポーツ的な活動の歴史の中で、もし人々がスポーツの意義として「勝利」を唯一無二のものとし、FUNの意味で言う「楽しさ」だけにかまけていたなら、スポーツは現在

まで営々と長く続けてこられなかったのではないでしょうか。なぜなら、スポーツ的な活動は必ず勝者と同じ数だけの敗者を生むからです。もし勝利と刹那的なFUNの感覚がスポーツの第一義なのだとしたら、敗者となった人は失望し、喜びを得られないことで、すぐにスポーツへの興味を失ってしまうでしょう。そして、スポーツ以外にさまざまに人々を惹きつける余興、娯楽に興味・関心が移っていったことでしょう。しかし現実には、常に勝者と同じ数の敗者が生み出されているにもかかわらず、スポーツは人々の心をとらえ、人類の文化として営々と歴史を重ねています。

例えば陸上競技のトラック種目は、極論すれば「ただ走るだけ」の行為です。水泳も「ただ泳ぐだけ」です。ディズニーランドのアトラクションやCGを駆使した映画、趣向を凝らしたステージのコンサートを享受することに比べると、走る、泳ぐは、極めて素朴で単純な行為です。ディズニーランドも映画もコンサートも、満足度の高低はあるにしろ、必ずあるレベルの楽しみ、つまりFUNを約束してくれますが、競走、競泳では、勝つ喜びは必ずしも約束されず、負けて打ちひしがれ、悔しい思いをする可能性がかなりの確率の高さであります。それでもなお、走る人、泳ぐ人は、欠くことなく次々と生み出されてきます。それは、走る、泳ぐという単調な行為の中に、INTERESTINGな意味での「面白さ」を見いだしているからに他ならないと思うのです。

ところで、「ライオンは、ウサギや子鹿のような小動物を捕らえるときでも全力を尽くす」などという俗説があります。ライオンが百獣の王たる所以を強調する表現ですが、視点を変えてみれば、「ライオンは腹が減れば、恥も、外聞も、見境もなく、圧倒的な体力差のある小動物にも平気で襲いかかる」ということです。同様に、ライオンには「オレはもうウサギや子鹿のような小物は狙わない。アフリカ大陸で一番の大物を倒してみせる」と念じて、たとえ空腹でも目前を通るウサギ、子鹿をやり過ごし、ゾウやキリンばかりを狙う、などという概念は持ち得ません。同じくキリンにも「この森の一番高いところにある木の実を食べた」と自慢するために、目前の木の実を食べずにいる、などという概念も存在しません。動物たちは生物的な欲求と情動でしか行動できず、精神的な概念に応じて自己をコントロールすることができないのです。

一方、人間には、圧倒的な体力差のある相手に無慈悲に襲いかかることを「大人げない」「恥ずかしい」と思い、また、自分が設定した目的のためには「目前の欲求を抑えねばならない」と自制する高度な精神活動を生み出す能力があります。言い換えれば、人間には「常にフェアに闘おうとすること」や、「欲求を抑えて精進していること」を重視し称賛するという精神活動があります。こうした精神活動、つまり「価値観」「倫理」を念ずることは、決して実生活に直接、有効な行為というわけではありません。すべては精神活動の充足のための行為です。このように精神活動の充足のために行動することができるのは人間だけであり、それこそが、前頭連合野が生み出すものなのです。

例えば人間は棒高跳びで６ｍを跳べる、跳べない、ということに、それこそ人生をかけたりします。この地球上には６ｍ以上を跳ぶ存在は、風で舞い上がった紙切れから蝶々まで無数にあります。棒高跳びで６ｍを跳んだとしても、小さな雀の飛翔力にさえかないません。ヘリコプターや飛行機がある時代に、棒を使って６ｍを跳び越すことにどんな意味があるのだ、と言ってしまえばそれまでです。ウサイン・ボルト選手が１００ｍを９・５秒台で走ったとしても、馬やチーターには絶対にかないません。自転車や自動車に乗れば、もっと速く走れます。北島康介選手がどんなに素晴らしい泳ぎを披露しても、イルカはおろか鰯にもかなわないスピードかもしれません。世界最強と恐れられる格闘技のチャンピオンも、拳銃を手にした女性や子どもに簡単に倒されてしまうでしょう。砲丸投げも、やり投げも、現代社会ではまったく実用的な意味がありません。

それでも、人はそうした行為から、前頭連合野の働きによって知的、精神的な「意味」や「価値」、すなわちINTERESTINGを見いだすことができるのです。何千年にもわたって、人間が営々とスポーツの歴史を重ねてきたのも、スポーツの中にそうした高度な精神活動を設定することができたからではないでしょうか。目先の勝負に勝ち、利那的な喜びを得るだけではなく、もっと精神の奥深い部分にあるINTERESTINGであると感じられるものがあるからこそ、スポーツは人々に受け入れられ、長い歴史の中で衰退することなく、「文化」として受け継がれてきたのではないかと思うのです。

ですから、スポーツを行う中でいかにしてINTERESTINGの概念で言う「楽しさ」を感じ取れるかということが、文化としてのスポーツを未来に伝承していく上で重要なのです。その意味で、子どもたちがスポーツをする理由の第一に「楽しいから」と答えたことには、非常に深い意味があると思うのです。

スポーツバカ、脳まで筋肉の温床

私たちはスポーツからいかにして知的、精神的刺激を受けることができるか、また、その刺激をいかにして多角的に咀嚼、醸成し、「人間としての行為」の中に取り込んでいくことができるか、が問われています。ですから、「何も考えずに言われることに従って動いていればいい」という、筋肉の出力と機械的反応ばかりをとらえているスポーツ活動からは、そうした問いに対する答えを見いだすことはできません。前頭連合野を駆使せず、指示どおりに反復動作を繰り返すだけのスポーツからは、人が文化として伝承するスポーツの「楽しさ」

「奥深さ」を味わうことができないのです。

知的探求のない、INTERESTINGを見いだせないスポーツから生み出されるのは、筋肉の出力だけは鍛えられ、指示に従うことには従順であっても、自分の知力を駆使して自分をコントロールするという行為に関しては極めて危うい力しか持ち合わせていないという、スポーツマンもどきです。俗に「スポーツバカ」あるいは「脳まで筋肉」といった、スポーツマンを蔑視する表現がありますが、これらの表現は、体力と従順さを誇示するばかりで知的活動に乏しい哀れなスポーツマンもどきの姿を示しています。

子どもたちは必ずしも勝利を第一と考えていないのに、指導の現場では、大人のエゴから勝利のための「大人の知恵」の刷り込みが横行しています。そしてそれらの知恵や術は、有無を言わさず強要されることがほとんどで、そこに子どもの考え、判断が分け入る余地がありません。こうして大人が勝利に満足するために子どもを反復マシンのように仕立てていくのであれば、スポーツを通じた成長の過程で人間らしく前頭連合野を駆使して創意工夫する力が養われず、調教された動物のように機械的に動くことばかりが得意なスポーツマンが生み出されていくでしょう。

人は、INTERESTINGという概念をもとに、実生活にとってまったく実用的ではない現象、行為に意味を持たせ、その意味を追求していくことを「面白い」と感じることのできる、地球上で唯一の生き物です。その「面白さ」とは、刹那的な歓喜を超えた、知的充足感に裏付けられています。そして、その知的充足感は、知的活動によってのみ刺激され、醸成され、豊かになっていきます。私たち大人は子どもたちに対して、このプロセスをしっかりと伝えていかねばなりません。スポーツは考えて行い、考えながら深めていくものであり、考えながら努力した末に、人間だけが得ることのできる奥深い「楽しさ」が待っているということを、教えていかねばならないのです。

もし、このことが徹底されたなら、スポーツ少年から育った高校生や大学生のスポーツマンが、一時的な欲望や感情の高まりにまかせて不祥事、事件を起こすことはなくなるでしょう。なぜなら、彼らの起こした不祥事、事件のほとんどは、その場で一息ついて冷静に考えれば「人としてすべきでないこと」とわかるはずだった事象だからです。しかし、彼らには一息ついて冷静に考える力が十分に育っていなかった。それは、そのように冷静、客観的に考えて行動する訓練がスポーツを通じて十分になされていなかったからではないかと思うのです。スポーツで養成されたのが、馬車馬のようにムチを打たれてひたすら走るという行動形式ばかりだったのであれば、彼らが前頭連合野を適切に機能させることは難しいでしょう。

確かに「勝利」ほど、子どもたちに自信を与え意欲を植え付けるものはありません。スポーツを楽しむ中で、考え、判断することを大事にしながら勝利することが常であれば、理想的です。しかし子どもたちの判断力は未熟で経験もわずかです。私が言うように、プレーごとに自分の頭で判断することを重視しているチームは、試合で簡単には勝利できません。前節で取り上げたように「ツーストライクまで絶対に打たずフォアボールを取れ」と指示されている野球チームや、「ディフェンスはとにかく前方に大きく蹴れ」と決めつけられているサッカーチームと対戦したとすれば、場面ごとに考え、判断しているチームの分が悪いことは明らかです。そのため、「回り道せずにすぐに勝ちたい」と思う指導者ほど、子どもたちに考えさせること、判断させることを避け、決められた動きを自動的に反復できるようにするのでしょう。

しかし、それを繰り返していれば、前頭連合野を駆使して行動することのできない「スポーツバカ」「脳まで筋肉」を量産するばかりです。すべての少年スポーツの現場において、子どもたちが中学、高校と成長していく過程をイメージしながら、「今」の指導をしているという指導者がどれだけいるのでしょうか。指導者を筆頭に、子どもを取り巻く多くの大人たちが「次の試合の勝利」ばかりに心を奪われ、子どもたちの将来の人間像がイメージできていないのではないでしょうか。

日本は学問、芸術、音楽などの分野に比べて、スポーツの地位が低い、と嘆かれます。しかし、スポーツがいつまでたってもそのような評価しか得られないのは、スポーツ界が生み出す人材が、未だに「スポーツバカ」「脳まで筋肉」と揶揄されるようなレベルだからではないでしょうか。目前の勝利のために考えさせない、判断させないスポーツ指導からは、不祥事、事件を起こす不届き者こそ生み出しても、社会の評価を得られるような人材は生み出されないのです。

3——考えられない、主張できない、勝てない

勝ちだけを評価することで形成される心理

子どもに考えてプレーさせることよりも、まず勝利の「術」を覚えさせ、勝つ喜びからスポーツへの興味を深めさせるべきだ、と主張する人は、同時に、次のようにも言います。すなわち、スポーツは闘いだ。所詮、人生も闘いだ。だから子どもにもスポーツを通じて、人生の競争を勝ち抜く逞しさを教えねばならない、と。

特に自分自身がアスリートとして厳しいトレーニングに耐え、挫折を乗り越え、それなり

の競技成績を残した経験のある親御さんの中には、子どもに対しても同様の試練を経験させることが大事、と考える人がいます。そういう親御さんは、子どものプレーを応援していても、言葉や態度から、非常に勝負にこだわっている様子がわかります。子どもにかける声も、励ましより叱咤の方が多いことがほとんどです。「人生の勝ち組になれ」と駆り立てる親心が理解できないこともありません。しかし、そのようにしてひたすら子どもたちを勝利、勝利と駆り立てる親の姿勢は、後に子どもたちからスポーツを奪うことにもつながりかねません。

ドゥエックという学者が、興味深い研究結果を示しています。8歳から15歳の子どもを対象に問題を解く課題を与えました。その中で、「常に解ける」という成功体験ばかりしている子は、ある時、解けない問題に遭遇して挫折すると、その後は本来なら解ける問題も解く意欲を失う傾向があったというのです。さらに、そのようにして挫折した子は、「解けなかったのは能力の問題なので仕方がない」と結論づけてしまう傾向もあったということです。

「勝て、勝て」と子どもに要求する親の中には、「どうせプレーするなら強いチームで」と考える人も少なくありません。そのため、地元の仲良したちとプレーさせるのではなく、能力の高い子ばかりが集まっている常勝チームに所属させるために、送り迎えまでして遠方まで通わせたりもします。そうして常に「勝ち馬」に乗ることばかりを念じていきます。しかし、幼い時から勝利チームで活躍することが常であっても、それが永遠に保障されるわけではありません。いつか必ず、歯が立たない相手、かなわないライバルと出会うことになります。すなわち挫折と対面します。もしドゥエックの説が正しければスポーツでの成功体験、すなわち勝ち続けてきた子、チームで活躍し続けてきた子ほど、挫折を乗り越えにくい、ということになるかもしれません。

私の周囲には、小学生時代は天才少年と大騒ぎされたのに、中学生になって部活を途中で辞めてしまい、今は帰宅部になってしまった、という子が何人かいます。また、中学生時代には未来の日本代表などと騒がれながら、高校生になってからはバンドを組んで音楽に没頭したり、バイクを乗り回してアルバイトに精を出したりしている、などという例もたくさん知っています。読者のみなさんが知りうる範囲にも、そのように「もったいない、なぜあの子はあんなに活躍していたのに、あそこで辞めてしまったのだろう」と感じる例はかなりあるのではないでしょうか。

私は、こうした例のほとんどが、幼い頃から「勝ち」にこだわりすぎた環境の悪影響と思っています。物心ついた時から勝つチームの中で活躍する存在であることが常であり、勝つことがすなわち最大の成功であり、評価を受ける最も重要なポイントであると刷り込まれてしまうと、その物差しから自分が外れてしまった時に、心理的に混乱してしまいます。そして、その混乱を整理するために、自分が遭遇した現象に合理的な「理由」を見つけ出そうとします。すなわち、以前のように勝てなくなったこと、あるいはレギュラーから外れたことは、「能力の問題なのでしょうがないこと」と、あっさり見切りをつけてしまうのです。

これは、スポーツに没頭する基準が「勝利」あるいは「主力として活躍」という部分にしか持ち得なかったこと、言い換えると、相対的な優劣関係の中で優位を感じることにしか喜びを見いだせなかったことの悲劇と言えるのではないでしょうか。ここまで何度も繰り返したように、スポーツが文化として歴史を重ねてきたのは、人々がその時々の相対的な優劣の中に生き甲斐を求めたからではなく、自分の中にある絶対的な基準、すなわち、心理の充足という部分に光を感じてきたからだと思うのです。

小学生時代から毎週末の試合で勝利、勝利と追い立てられ、春、夏、冬の長期休暇には合宿、遠征で忙殺され、盆も暮れもなく試合、試合と駆り立てられていると、スポーツをする中で醸成されていく「自分の心の中に置く絶対的な基準」など見つける暇がないでしょう。そのようにして、精神的、知的にスポーツをとらえる視点を育てられないまま、ただひたすら小学校6年間、中学校3年間を勝負の「駒」として使い続けられれば、まっとうな精神の人間ならそのうちに「もうたくさんだ」という心理的バーンアウト状態になることは容易に想像できます。

そのような状態にある時に、何らかの形で挫折が重なれば、ローティーン、ミドルティーンの段階でスポーツを継続していくことに見切りをつけてしまうのも無理はないでしょう。自分の中に、「なぜスポーツをするのか」という絶対的な基準があるなら、スポーツを継続していく気持ちにブレは生じにくいでしょう。しかし、そうした部分に思い至ることなく、ただひたすら筋肉運動として「勝つこと」「活躍すること」だけを考えて走り続けていれば、それらが保障されなくなった途端、スポーツはその子の中で意味のない活動になってしまうのです。

ところで、小学5年生の子どもを二人一組のペアにして課題を解かせたエイムスという学者の研究で、興味深い結果が示されています。まず、子どもたちに対して、課題への取り組みがペア間の競争であることを告げた場合には、互いの成績を知った後、ペアの相手が好成績の場合は非常に高く評価し、そうでない場合は厳しく評価する傾向があることが示されました。その一方で、課題への取り組みが競争ではないことを告げた場合には、ペアの相手が課題を解決する過程、課題に取り組む姿勢などを加味した評価をするようになり、好成績の場合とそうでない場合の差を小さく見積もる傾向があったといいます。

この研究は、子どもが他者との「勝負」を意識すると結果第一主義となり、数値の優劣でしか相手を見られなくなる恐れがあることを示すと同時に、勝負を意識しなければ、数値上の優劣以外の要素にも思いを致す余裕が生じることを示しています。幼い頃からスポーツでは勝利こそ唯一無二の価値だと刷り込めば、子どもたち自身がやがて、人間関係を「勝ち負け」の優劣でしかとらえられなくなる恐れがあります。そして、そのような心理を増大させることは、負ける、主力にはなれないという挫折があった時に、スポーツへの興味を失う恐れにもつながります。

最も懸念すべきことは、スポーツで「勝ち負け」しか考えられない生活ばかりを重ねることで、人間がスポーツを享受する中で追求すべき真理、すなわち「なぜスポーツをするのか」という命題に、子どもたちが十分に触れずに育つ恐れがあることです。それは、私たちの先達が長い年月そうしてきたように、スポーツを通して豊かな人間の精神文化を育むことを、阻害することにつながりかねないのです。

クレバーハンス錯誤に気がついているか

青少年のスポーツで好成績を挙げている組織やチームの指導者たちが語る言葉を拾うと、決して「勝利を第一とし、それをすべてに優先させている」とは言っていないことに気づきます。彼、彼女らはほぼ例外なく「勝利よりも人間づくりが第一」といった類の価値観を重視していると語ります。また、全国的な実績を残す指導者の中には、「言われたとおり動くようではダメ、子どもたちには自主的な判断、行動をさせている」と言い切る人も少なくありません。同様の主張を30年言い続けている私としては、非常に心強く思える考えです。しかし、それなのになぜ、冒頭で紹介したように、冷静に考え、判断できずに不祥事、事件を起こすスポーツマン、「脳まで筋肉」と揶揄されるスポーツマンが、毎年生み出されてしまうのでしょう。

話は変わりますが、ここで、心理学の世界でよく知られている「クレバーハンス錯誤」という現象を紹介します。これは20世紀初頭に、アルファベットを覚え、加減乗除から、分数の小数変換、日付時刻の理解までできるようになったとされる、賢い（クレバー）馬のハンスを巡る研究です。

ハンスの飼い主であるフォン・オステン氏は、2年を費やし、蹄の一方を叩くことで十の位、もう一方で一の位を示すこと、また、叩いた回数で数字、アルファベットを表現する能力をハンスに仕込みました。イエス、ノーは頭を振って示します。当然、すぐにトリック、いかさまの疑惑が持ち上がりましたが、オステン氏がもともと人望の篤い人物であったことと、ハンスの能力を一切、金儲けに使う意思を示さなかったことで、信憑性は高まりました。

さらにオステン氏は、自身が不在の場合でも他人が自由にハンスと接触し、訓練の成果を確認することを許したため、信用はさらに高まりました。そして、その自由な接触を通じて多くの動物学者、心理学者らがハンスの不思議な能力を確認したことで、ハンスが特別な力を身につけていることが証明された形になりました。

ハンスの能力は一時、社会を騒然とさせましたが、ほどなく、からくりがわかりました。ハンスは、特別な能力を身につけたわけではありませんでした。実は、ハンスが特別な能力を発揮している、と思わせたのは、ハンスにさまざまな問いを発する人間の無意識の態度だったのです。つまり、ハンスに足し算をさせるために「3足す4」という問いを発したとします。ハンスは蹄を叩き始めますが、その時、問いを発する人は、無意識に頭を動かして数を数えてしまいます。そして、答えの「7」が来た時に、無意識に頭をより大きく動かすなどして、「そこが答えだ」という信号を発信してしまいます。ハンスはそうした人間の反応を見て、蹄を叩く動作をストップしていたのです。

問いがどんなに複雑になろうが、蹄を叩いて答えを出すという行為である以上、どうしても問う側の人間はハンスを見ながら、自分自身で無意識に答え合わせをする仕草をしてしまいます。ハンスが賢く見えたのは、実は人間が知らず知らずのうちに、自分の態度でそのように答えるよう仕向けていた、ということだったのです。このクレバーハンス錯誤は、警察犬の訓練でも問題視された時期があったといいます。どこに目標物があるか、犬を訓練する人は事前に知っていますから、犬が迷いながらも目標物に向かうそぶりを見せると、どうしても「そうだ」と褒めてしまい、犬は自分の鼻でかぎ分けるよりも、人の反応によって目標物に向かってしまうことがあった、というのです。

さて、このようにクレバーハンス錯誤を引用したのは、スポーツの世界でも、指導者自身にまったくその気がなくても、視線、態度、表情などで、無意識になにがしかのメッセージを発してしまい、結果としてある行動規制を青少年に与えている可能性があるのではないか、と考えられるからです。例えばスポーツ指導者が子どもの自主性を重視することを標榜していたとして、ある場面で「そこは自分で考えろ」と言ったとしても、本当に子どもが自分で考え、行動することを許しているかどうか、わからないのです。子どもが指導者の顔色を伺いながら「そうだ」「それだ」という態度、表情を見せる機会を選択して反応しているようなことはないでしょうか。もしあれば、それはクレバーハンス錯誤と似ています。

マレービアンという研究者が、人が他人にメッセージを伝える時に何が重要な役割を果たすかについて示しています。それによれば、最も影響力のあるのが表情で55％、次に影響力のあるのが音声（質、高低、抑揚など）で38％でした。言語の内容そのものはわずか7％です。

確かに、同じ「バカ」という言葉でも、男性が顔を真っ赤にして怒鳴る「バカ」と、女性が甘えたネコ撫で声で「バカ」と言うのでは、伝わる意味が違います。今ではこのマービアンの説はさまざまに見直されてはいますが、それでも、メッセージが表情や態度、言葉の調子でいかようにも変化してしまうことはご理解いただけるでしょう。こうした言外の何かでメッセージが伝達されることを、ノンバーバル・コミュニケーションと言います。

30年余の指導経験の中で、いろいろな指導者の実際を見てきましたが、「ウチは勝負は二の次です」「強制せずに自分で考えさせています」と語る指導者のチームの選手たちが、実際はそのように動いていないと感じることが多々あります。「なんでも好きな物を買いなさい」と言っておきながら、子どもが「これがほしい」と言うと「こっちはどうかな？」などと言って、結局は自分が買わせたい物を買わせるという親と似ていて、言葉では「スポーツは結果ばかりでなく過程も大事だ」「自主自立の精神を尊重する」と標榜しておきながら、現実にはノンバーバル・コミュニケーションを通じて、自分の意図どおりに青少年を操っているだけという指導者も少なくないと感じます。

その昔、ハンスが賢いと勘違いしてしまった原因が、ハンスと向き合った人そのものにあったように、自分の発声、表情、しぐさ、態度、などが青少年の心を悪しき方向にコントロールする道具になってしまっていないかどうか、すべてのスポーツ指導者は一度、立ち止まって考えてみる必要があるでしょう。

同調を強要して個を埋没させてはいないか

スポーツでは自分の判断、考えを駆使する中で試行錯誤することが重要です。また、その試行錯誤から自分なりの答えを見つけ出し、プレーに反映させることに喜びがあります。しかし、例えば日本の学校の部活動などでは、しきたりや代々継続されてきた方法などに無批判に従わされるのみで、決して自主自立の精神を醸成しているようには見えない活動も少なくありません。かく言う私自身もその昔、「どうしてこんなことが必要なのだ」と感じることに否応なく従わされたことがたくさんありました。

特に日本のスポーツ界では「決められたことには文句を言わずに従う」ということが美徳とされている節があります。もちろん、きちんとした手続きがあって、つまり、一人ひとりが物事を判断するだけの材料を提示され、それを吟味し意見を述べるチャンスが与えられ、その上で民主的に討議が為されて決議されたことなら、文句を言わずに従うべきかもしれません。しかし、現実にはそうではないことがほとんどです。なぜ1年生だけが雑用を強要され、3年生は自分の荷物を持たなくてもいいのか、などということに、合理的な話し合いの過程など見つけようがありません。

問題は、そのようなことを理不尽だと感じて声を上げても、取り上げられるような環境が、日本のスポーツ界にはないことが多い、ということです。そもそも、意見を戦わせるとか、合意を求めて話し合う、などという風土は日本のスポーツ界では見つけにくいのではないでしょうか。スポーツマンが論理的であり雄弁であるということに、どちらかと言えば違和感があるのが日本のスポーツ環境ではないでしょうか。

ここで、アッシュという研究者が「同調」ということに関して行った実験を紹介しましょう。9人の被験者にまず1枚のカードを見せます。カードには1本の線が引いてあり、被験者はその線の長さを覚えます。次に、別のカードを見せますが、これには3本の線が引いてあります。3本の線のうち、1本はあきらかに最初のカードの線より短いもの、もう1本はあきらかに最初のカードの線より長いもので、1本だけ最初の線と同じ長さになっています。被験者は「この3本の線のうち、どれが最初のカードの線と同じ長さですか」と問われます。

実は、9人の被験者のうち8名まではサクラです。サクラの被験者は、次々にわざと間違った回答をします。本当の被験者は最後の9番目に答えるのですが、もちろん、3本の線のうちどれが最初に見せられたカードに引かれていた線と同じ長さかは、一目見た時にわかっています。ところが、1人目、2人目とサクラが自信ありげに誤答を重ねていくと、次第に「自分の判断が間違っていたかもしれない」という迷いが生じます。その結果、50人中37人までが、最初の判断を翻してしまい、サクラと同じ誤答を選んでしまうのです。

人間がいかに「正しい」と思う考えを持っていても、周囲がそれと違う行動をとると、自分が孤立する不安から、同調して正しい意見を表明できないことがあります。日本のスポーツ界では、これに近い心理が働くことが多いと感じます。指導者と子どもや選手の関係のほとんどは上意下達で、一方通行です。スポーツを「習う」側の子どもたちや選手が、「教える」側の指導者に自由に意見を上申する環境は貧弱です。ましてや、年長の先輩に意見するなどという行動は、極めてとりづらい風習があります。そうした「自由にモノが言いにくい」環境に置かれてしまうと、「正しくない」と思っても、周囲に同調していかざるを得なくなってしまいます。

本来なら、周囲の全員が自分と違う方向を向いていても、「それは違うと思います」と勇気を持って主張できる強さを養うことがスポーツの役割の一つでもあると思います。なぜなら、選手は競技中の場面ごとに一瞬の決断を迫られるわけで、そのたびに「皆がどう思う」と周囲を見渡しているわけにはいかないからです。すべて自分が決断し、プレーを進めていかねばなりません。しかし、普段のトレーニングで自分の意見を押し込め、否応なく周囲に同調せざるを得ない環境に馴染んだ者が、試合中、勝負のかかった場面で、迷いなく迅速かつ正しい決断ができるでしょうか。

日本のトップアスリートの多くが、世界レベルの大会の勝負のかかった場面で力を出し切れず、自滅するのは、こうした部分にも原因があるのではないかと私は考えています。極限の闘いの中で、一瞬のうちにベストの選択を行い、それを迷いなく実行する決断力が求められる。日本選手の多くがそこで「個」としての逞しい強さを際立たせることができないのは、選手が育つ過程で「個」として真価が問われることが少なく、「皆の中の一人」という形式に浸っている時間が長いからではないかと思うのです。この点については第5章でも詳しく見ていきます。

「違うのではないか」と思うことには正々堂々と主張し、反論する者の立場を認めながら意見を交わす。「自分はこうしたいと思う」という意思を明確に伝え、かなわぬ部分については調整する。そのような能力は、やがてプレー中に的確な判断をし、勇気ある決断をしていくことにつながることでしょう。それらを醸成するには、まず、子ども時代からスポーツについて考え、判断することを常としていかねばなりません。そして、子どもたちが考え、判断したことが自由に表明でき、採用される環境が必要です。

chapter

2

スポーツ技術が賢く身につくメカニズム

1――徹底して1種目を鍛えてはダメだ

少年期の反復訓練に潜むワナ

私たちが何かスポーツの技術を駆使する場合、その技術を成り立たせているのは、投げる、走る、蹴る、などの一つのまとまった体の動きです。それらは、一続きの動きなのですが、より詳しく見ていくと、そのまとまった動きよりもさらに細かい、小さないろいろな動きが複合されてつくられていることがわかります。

例えば「ボールを投げる」という動きについて見てみましょう。ボールを投げるには、まず、ボールを指でつかむ、という動きが必要です。次に必要なのは、手首を曲げ伸ばしするという動きです。その次に、肘から先を曲げ伸ばしする動きが必要ですが、ここではさらに、肘から先の部分がねじられるような動きも加わります。その次に、肩から先の腕全体を大きく振る動きが必要です。この腕の振りに、十分な「しなり」を加えるために、上半身をやや後方に反り返し、そこから反動をつけて斜め前に捻る、という動きが加わります。さらに、そうした上半身の動き全体を支えるために、足を一歩前に踏み出し、地面にしっかりと支えを作る動きが必要になります。

このように、小さな一つひとつの動きのつながりがスムーズにまとまってはじめて、「ボール を投げる」という動作が成立するのです。投げるという動作だけでなく、スポーツの技術に関係するすべての動作のそれぞれが、これと同じようにより細かな動きの組み合わせから成り立っているわけです。

さて、こうした動きのメカニズムを知ると、子どもたちがあるスポーツの技術を身につけるためには、その前段階として、体のいろいろな場所の、多様な動きを身につけておくことが必要であることがわかります。「技術」というまとまった作品を組み立てるための、部品としての「動き」を準備する、と表現すればわかりやすいでしょうか。これらは本来、子どもたちが体を動かして遊ぶ中で自然に身につくことが期待されています。例えば、昔ながらの「おはじき」「お手玉」などには、指先と手首を細かに動かす動きが含まれます。また、石蹴りやゴム跳びなどには、バランスを取りながら体の動きを調整する刺激が満ちています。木登りやお相撲は、手足の筋肉を強く、大きく動かすことを刺激します。鬼ごっこは敏捷に動くことを刺激しながら、心肺持久力も養います。

遊びの中には、投げたり、蹴ったり、引っ張ったり、回したり、押したり、引いたり、転がったりなど、後にスポーツ技術につながる可能性のある、さまざまな動きが含まれています。子どもたちは本来、毎日いろいろな遊びに親しむうちに、自然に、手先の小さな動きから全身の大きな動きまでを身につけていたはずです。しかし、子どもが毎日、外で元気にいろいろな遊びをするのは昔話の世界になりつつあります。現代の子どもたちは、マンションに住み、交通事故や変質者の危険に晒され、進学のために複数の習い事をこなす中で、外で思い切り体を動かして遊ぶ機会が減っています。

そこで、遊びに代わって体を鍛える場所として、各種スポーツ教室が花盛りとなります。野山を駆け回って遊んでいる時と同じような体づくりの効果を、スポーツ教室で獲得されることが期待されます。しかし、自由な遊びではなくルールのもとに競い合う「スポーツ」という枠組みがはめられると、それは早晩、上手下手、勝ち負け、という比較や勝敗の概念に支配されるようになります。すると、子どもの周辺にいる大人、つまり指導者や親は、誰よりも早く上手になり、負けない能力を身につけることがよいことであると考えるようになります。そして、そこからやがて導き出されてくるのは、その種目特有の技術を子どもに徹底的に反復訓練させて覚え込ませ、子ども離れした技術力を養成する「早期熟成」の方法論です。かくして、大人顔負けの技術を駆使する天才少年・少女が各スポーツで生み出されます。

しかし、こうした限定された技術の反復訓練によって生み出される天才少年・少女は、一方で大切な機会を逃しているケースが少なくありません。それは、先ほど触れた「多様な動き」を身につけるための環境です。

少年期のスポーツ技術の中で活用される動きの種類は、さほど高度ではなく、複雑でもありません。ですから、徹底反復すればするほど身につきやすく、それは試合で大きな威力を発揮するでしょう。しかし、スポーツは少年期だけに限定される活動ではありません。その子が成長した後もスポーツを継続してプレーしていくとすれば、やがて成長・発達とともに、さらに複雑な動きを身につけなければならなくなります。また、成長過程のどこかで別の種目に興味を持った場合、新たな技術を学ばねばなりません。

このように、自分がスポーツ技術として身につけた「まとまった動き」をさらに発展させようとする時、あるいは新たに別のスポーツ技術としての「まとまった動き」を身につけようとする時、それがスムーズにできるか否かは、脳の中の「動きの引き出し」がどれだけ豊かであるかに左右されます。「動きの引き出し」の中に多種多様な動きのストックがあれば、ある新しいスポーツ技術として「まとまった動き」を身につけたい場合、そのストックの中から新しい動きをつくるためにふさわしい「部品」としての動きがすぐに検索、選択されます。そして、その選択された動きを合目的的に組み立てていくことで、新しい「まとまった動き」が獲得され、それがスポーツの技術として磨かれていくのです。

しかし、幼少の頃からある種目の決められた動きばかりを反復していると、その時期には大活躍できるかもしれませんが、「動きの引き出し」には、その偏った種目の技術に関係する動きしか残されないことになります。その結果、新たな動作を身につけようにも、「動きの部品」の品揃えが貧弱なために、別の「まとまった動き」を組み立てていくのにとても苦労することになるのです。

私が中学生の時、クロールがとても上手なN君という同級生がいました。彼の泳ぎは見事で、水泳の授業でクロールを練習した時にはヒーロー的存在でした。しかしある日、授業内容が「平泳ぎ」に変わると、彼の動きは一転、私たちの笑いを誘うこととなってしまいました。N君は平泳ぎの時でも、息継ぎをクロールの時のように横を向いてしていたのです。今、知識を得て当時を振り返れば、N君はスイミングスクールでクロールばかり反復練習していたのでしょう。そのため、彼の「動きの引き出し」の中の「息継ぎ」の部分には、「顔を横に向ける」という動きしか用意されていなかったのでしょう。

N君は、単一の動作ばかり反復したために、多様な体の動きを学び損ねた一例と考えられるでしょう。翻って、昨今のスポーツ教室ではどのようなトレーニングが実施されているか心配です。いろいろな少年スポーツの現場で、大人を驚嘆させるような子どもたちのテクニックを見せつけられるたびに、彼ら、彼女らが毎日、限定された動作の反復ばかりを繰り返しているのではないかと、心配になります。

おおまかな枠組みとしての記憶「スキーマ」

私たちのほとんどは、巧拙はあれど、野球のボールを投げることができるでしょう。では、少し大きめのソフトボールはどうでしょうか。多少、握りづらいかもしれませんが、同じように投げてみろと言われれば、投げることができるでしょう。同様にハンドボールもバスケットボールも、みな大きさや表面の形状は異なるものの、投げろと言われれば投げることができます。たとえラグビーボールのように、まったく異なる形状のボールを手渡されたとしても、投げることは可能です。

もしも私たちの手と腕と肩が、プログラム管理された機械だったとして、野球のボールを投げるようにセットされていたとしたらどうでしょう。ラグビーボールはおろか、ソフトボールでさえも、大きさ、重さ、表面の形状などが「プログラムの指定外」として、投げることができないでしょう。しかし人間は、たとえ今まで野球のボールしか投げた経験がない人であっても、初めて触ったバスケットボールやラグビーボールを投げることができます。これは、私たちの脳の中に「投げる」という動作に関する「おおまかな枠組み」がつくられ、保持されているからなのです。

「おおまかな枠組み」とは、「投げるとは、大体こんな行為」と記憶されていること、と言い換えてもいいかもしれません。これは、文字通りおおまかなものですから、細かな部分まで取り決められていない分、いろいろと応用が利きます。大きなボールを手にしても、形の変わったボールを手にしても、それをどのように握り、どれくらいの力を込めて、どのように投げたらいいか、という具体的な微調整はその時々にすればいいのです。大切なことは、どんなボールを渡されようと「投げる」という動きの「おおまかな枠組み」が事前に獲得されていることなのです。

この「おおまかな枠組み」はスキーマ（schema）と呼ばれます。スキーマはもともと、このように動作に関係することよりも、人が物事を認知する時に活用される働きとして知られています。例えば、私たちは、初めて見る一風変わった外国産の犬でも、「あれは何という動物だ」とは思わず、すぐに「犬だ」と認識できます。それは、「犬とは鼻がこのような具合にあって、耳がこのようについていて、しっぽがあって」というように、犬という概念の「おおまかな枠組み」すなわち認知のスキーマを持っているからです。同様に、「顔」という認知のスキーマには「目が二つ、両目の間に鼻、その下に口がある」という概念が含まれるでしょう。ですから、紙に円を描いて短い横棒を二つ、その間に縦棒を一つ、さらにその下に横棒を一つ描くだけで「顔」という認知のスキーマが引き出されます。目のよう見えるライトが二つある車や電車のフロントグリルなども、顔にたとえたりします。

知識、経験を重ねるということは、こうした認知のスキーマを豊富に持つことにつながります。豊富な認知のスキーマがあれば、一度も見聞きしたことのない新しい事象に初めて出会っても、「何が何だかわからない」とパニックになることもなく、ストックされたスキーマから当てはまりそうなものを引き出し、対処することが期待できます。こうした認知のスキーマと同様、動作のスキーマも、それが豊富であるほど、新しいさまざまな動きを身につけることができます。

例えば、サーフィンをしている人は、滑りながらバランスを取るというスキーマが身についていますから、まったくの初心者よりも、スノーボードを覚えるのは簡単でしょう。また、フライングディスク（フリスビー）に慣れ親しんでいる人は、テニスやバドミントンのバックハンドを覚えやすいかもしれません。ディスクあるいはラケットを持った腕を一度、胸に近づけてから、次に体の外側に開いていくように動かすという動作が、同類のスキーマと思えるからです。バレーボールのスパイクとサッカーのジャンプヘッドも、共通したスキーマを持っています。

このように見ていくと、できるだけ多くのスポーツに親しみ、いろいろな動きを経験しておくことが、スキーマを豊富にし、新しい動きを獲得しやすくする、ということがわかると思います。ですから、特に少年期には、一つの種目に限定して徹底的に訓練することよりも、広く、多くの種目を通じて多様な動きを体験させることが必要なのです。多様な動きを習得した子は、やがて多種目のスポーツを器用にこなせるようになるばかりでなく、一つの種目に関しても多様で複雑な動作を駆使できるようになるはずです。

日本では「一つのことをとことん、やり遂げる」という価値観が重視されます。それはそれで尊重すべきものですが、子どものスポーツに適用することは、いかがかと思います。子どもの将来を思うなら、心身が柔軟なうちに、できるだけ豊富な動きのスキーマを獲得させることが必要です。そのためには、一種目だけに限らず、できるだけ多くの種目を体験させ、異なる動きを身につけさせることが重要です。また、もし一つのスポーツ種目を長く継続させるのであれば、日常のトレーニングの中に、決まり切った動きの反復ばかりでなく、多種多様な動きが獲得できるような配慮が必要でしょう。

それらはいずれも、目先の試合の勝利には、直接貢献しないかもしれません。むしろ、試合で勝つのは決まった動作を反復訓練されている子どもです。そのため、多くの指導者は子どもたちに決まった種目を徹底してやり抜くことしか経験させず、トレーニングでも、今、行っている種目の技術に直結する動作ばかり反復させてしまいます。親たちも、そうした方法によって「すぐに強くなる」ことを支持するケースが多いようです。

しかし、そのようなことを繰り返していても、少年期限定の天才を生み出すだけです。その天才の能力は、動きが高度で複雑ではない少年時代のみに活躍できる期間限定のものになってしまう可能性が大きいのです。少年期には、さまざまなスポーツを体験させ、多様な動きを身につけ、できるだけ豊かなスキーマを獲得させることが必要なのです。

機械的ルーティーンでは上達しにくい

中学校、高校などで行われる運動部の活動、通称「部活」では、毎日、同じトレーニングが繰り返されていることが多いようです。確かに、ある技術を身につけるには、反復練習が必要です。ところが、ただひたすら同じ事を繰り返し続ければいいかといえば、そうではないようです。

モスクレイという学者が、バドミントンのシャトルコックを投げる実験を通じて、反復練習の効果を検証する興味深い結果を示しています。この実験に参加した人はAとB、二つのグループに分かれ、それぞれ目標に向けてシャトルコックを40回繰り返し投げる練習をします。AとBは練習の方法が違っています。Aは同じ場所から40回投げますが、Bは投げる場所を4か所に分け、1か所につき10回ずつ、4か所計40回投げます。こうして互いに別々の方法で40回練習した後、どちらが正確に投げられるかを改めてテストすると、Bの方が精度が高くなっていたのです。

この実験結果は、一つのスキーマを身につけるためには、単独の動作を反復させるよりも、多様な動きを取り入れて反復した方が効果的であることを示しています。私たちは一般に、テストで投げるのと同じ場所で固定して40回反復した方が効果的であると考えがちです。Bグループのように、テストと同じ場所からは10回しか投げず、テストに直接関係ない別の3か所から30回も投げるのでは効果が薄い、と思ってしまうでしょう。ところが実際には、いろいろと投げ方を変えながら練習したBグループの方が、最終的には洗練された動作を身につけることができるのです。

グッドマンとマグルの研究グループも、同様の効果を示しています。彼らはバドミントンのサーブの練習とその精度の向上について調べました。選手には1日30本のサーブ練習を9日間、続けて行ってもらいました。バドミントンのサーブには、ソフトに打つ「ショート」、強く打つ「ドリブン」、コートの後方に向かって大きく打つ「ロング」の3種類があります。Aグループは、どれか1種類のみのサーブを1日30本徹底して練習させる方法でした。Bグループは、1本ごとにサーブの種類を変えて1日30本練習する方法でした。その結果、練習初日のテストでは1種類を徹底させたAグループの精度が高かったのですが、翌日以降は、Bグループの方の精度が上がりました。また、最初のテストとは違う場所からサーブを打つ新しいテストでも、Bグループの精度が高かったのです。

　この研究も、トレーニングの中で動きに多様性を持たせた方が、同じことを反復し続けるよりも、最終的には優れた動きを身につける可能性が高いことを示唆しています。

　なぜこのようなことになるのか。私はレミニッセンスという現象に注目しています。いくら練習してもうまくいかないことが、1日休んだ後に、急にできるようになる、というような現象です。これは、練習を休んでいる間に脳内で情報の整理が行われ、身につけたいと努力している「まとまった動き」にまつわる、さまざまな神経回路が、合理的に結びつくための作業が行われた結果、と考えられています。レミニッセンスは、動きづくりと脳内の神経回路の整備が密接な関係を保っていることを示す例の一つです。

　ここで大切なことは、レミニッセンスが起きる前に何度も繰り返していた練習への取り組み方でしょう。それは、何も考えず、工夫せず、ただ機械的に反復動作を繰り返していたものではないはずです。失敗し、修正し、工夫しながらさまざまに試行錯誤したこと、つまり頭を使って動いたことが、神経回路を多様に刺激し、より合理的な動き方を選び出し、動きとしてまとめているのです。

シャトルコックを投げるにしても、バドミントンのサーブを打つにしても、単一の動作の繰り返しではどうしても惰性が生じ、動きが機械的になる場面が生まれがちです。しかし、別の場所から投げたり、違う打ち方をすることになると、そのたびごとに「今度はどのようにすればいいいか」ということを考え、工夫し、手首や肘の動きを微妙に変えなければなりません。そうした心理や動作の変化が、「投げる」「打つ」というまとまった動きをつくるための脳への大切な情報提供になっているのではないでしょうか。

ここでも第1章で繰り返したことと同様「考えてスポーツすること」がポイントとなります。同じスポーツ技術を身につけようとするのでも、ただ指示され、与えられた動作を機械的に繰り返すのではなく、「こういう場合には、こうすればいいのだろうか」というように、自分の頭を使って試行錯誤することが、動きの精度を高めることにつながり、また、新しい動きも身につきやすくするのです。脳に多角的な刺激が送られるほどに、整理、統合された後の成果は質の高いものとなるのです。

2――プレーのセンス、賢さは育て方で決まる

深く心に刻むために普段から頭を使う

子どもたちにスポーツを指導する時、多くの指導者はまず最初に基本的な身のこなしや手足の動きについて解説し、手ほどきします。もちろん、実際に互いの体を触れ合わせながら、具体的に手足を取って指導していく方法も効果はあります。しかし、もっと大きな効果があるのは、理想的なフォームの実際を子どもたちの目前で見せてあげることです。

私たちがスポーツの技術を覚える時、「ここで手首を曲げて、次に肘がこれくらい伸びたら上半身を反らせて……」などと、一つひとつ論理的な裏付けを確認しながら動いてはいません。スポーツの技術とは、一つにつながったまとまりのある動きだからです。そのため、私たちは新しい技術を覚える時にはイメージ記憶を活用します。イメージ記憶とは、一つひとつの動きのそれぞれをありのままに記憶するのではなく、動きの全体像をまとめてとらえて記憶する働きです。

例えば、子どもたちはテレビで見るヒーローの変身の様子などを実に的確にとらえてまねします。また、大人の中にも好きな映画スターやタレントの仕草や表情などをまねて、まるで本人のように立ち振る舞ったりする人もいます。それらは、プロの振り付け師に一挙一動を細かく手ほどきされて身につけたものではなく、自分の目に焼き付けた光景を一つのまとまったイメージとして記憶し再現したものといえます。スポーツの技術を習得する時も同じで、その技術を駆使している様子の全体を、ひとまとまりの映像として記憶し、再現していく働きを活用するのです。

イメージ記憶されるのは、動きの全体像です。ですから、子どもたちにスポーツ技術を学ばせる時、手首がこうだ、腰のひねりがこうだ、足の開きがこうだ、と個々の動きを取り出して手取り足取り指導するよりも、「このようにするのだよ」と、動き全体をデモンストレーションして、それを目の奥に焼きつけてもらった方がよいのです。百の理屈を語るよりも、一つの具体的な動きを見せることなのです。

プロ野球の長島茂雄・ジャイアンツ終身名誉監督が現役監督だった頃、若手にバッティングを指導する際、「ここにボールがグーッと来るから、それをこうやってバシッといくんだよ」などと、身振り手振りで指導していたことがありました。当時は、その指導法があまりに感覚的で論理的組み立てがないと揶揄されていましたが、よく考えてみると長島さんの指導は理にかなっていた部分も少なくないのです。自身が現役の時は天才的なバッターでしたから、「グーッと来た時にバシッといく」という感覚の真髄を他人が会得するのは大変でしょうが、長島さんの動く姿からそのイメージを獲得し、再現しようとすることで、身につくものはあるのです。

さて、このイメージ記憶ですが、目に焼き付けられた情報は、脳内の海馬という部分に一時保管されます。海馬というのは記憶と深く関わっている場所で、特に短期記憶に関係します。例えば私たちは電話番号や番地などをすぐに覚えなければならない場合、反復、暗唱することで数分から数10分間は覚えておくことができます。しかし、その番号で電話をかけ終わったり、尋ね当てた場所を確認できたりすると、いつのまにか電話番号も番地も忘れてしまいます。これが短期記憶です。

短期記憶の中から選ばれたものが、より長期に保存される記憶になるためには、記憶される情報が海馬から大脳皮質に送り込まれる必要があります。コンピュータで言えば、作業中のメモリーから、きちんと保存するためのハードディスクに送られることと似ています。長期記憶される大脳皮質では、見聞きしたものすべてが、そっくりそのままの形で記憶されるのではなく、形、色、匂い、音、感触、表情、動作など、要素別に分解され、それぞれの要素の引き出しにしまわれる形になります。記憶が蘇る状態とは、そのようにして分解、整理された記憶から必要なものが一つひとつ引き出され、あるまとまったイメージとして再合成された時です。

例えば、海辺で潮の香りをかいだ瞬間に、幼い頃、家族で海水浴をしたことを思い出す、などということがあります。そして、そのことを思い出したとたんに、その当時、使っていた浮き輪の色とか、食べたお弁当の味だとか、兄弟とけんかをしたことなどが次々に連鎖して蘇ってきたりします。「匂い」をかぐことをきっかけに、その匂いに関連して記憶された音、感触、表情などの要素が、それぞれ別々にしまわれていた引き出しから次々に検索されて引き出され、「あの海水浴の日」というまとまったイメージとして再合成され、思い出されるのです。

海には何度も行っていて、海にまつわる思い出はいろいろとあるはずなのに、なぜ、潮の香りをかいだとたんに、まず最初に幼い日の家族との思い出が蘇ったのでしょう。それは、当時、使っていた浮き輪が特に気に入っていて、その鮮やかな色が海の青に見事に映えていた様子が印象的だったとか、皆で食べたお弁当の美味しさが忘れられないとか、兄弟げんかをして悔しくて泣いたとか、感情を刺激するような出来事がその時にあって、それが潮の香りと結びついて記憶を強めているからです。

私たちは、自分が何かを体験する時、強く印象づけられたり、心を揺さぶられるようなことがあると、その体験にまつわることをよく記憶します。これは、記憶が一時保存されている海馬から長期記憶の中枢がある大脳皮質に送られる時、その過程で情動に深く関係する扁桃核、側坐核、尾状核、視床下部、などを通過していくからだと考えられています。これらの部分は、怒り、悲しみ、恐怖、歓喜、好き嫌い、意欲、などに深く関わる部分とされています。ですから、これらの部分が強く働くような事象、例えば強く憤るとか、深く悲しむとか、驚嘆するとか、感激するとか、そのような体験があると、記憶はとても深く強固なものとして蓄えられるのです。

こうしたことから、子どもたちがスポーツの技術に関係する動きをイメージ記憶しようとする時、「すごい」とか「かっこいい」とか「そうだったのか」というように、心理的に揺さぶられるような体験をさせてあげられれば、そのイメージ記憶はとても強く焼き付けられることになります。ヒーローの変身を「かっこいい」と思って夢中でまねしたように、スポーツの技術も「やってみたい」と思って夢中で取り組むような見本を見せることが大事なのです。

同時に、その過程で「そうだったのか」と小さな感動を体験させることも重要です。自分が知らなかったことを知った喜び、勘違いしていたことに気づいた喜び、「これで上手になれるかもしれない」と感じた喜び、そうした体験が記憶を深くしてくれます。このように「そうだったのか」という〝知る喜び〟を味わえるということは、普段から技術の習得に関して試行錯誤していることが前提となります。考え、思い、悩む体験があってこそ、ヒントが見つかった時に「そうだったのか」という感激は深くなるのです。つまり、普段から考え、工夫し、頭を使ってスポーツをしている子ほど、新しい技術を身につけるためのヒントを得た時の感激も深く、そのイメージは脳の奥深くに刻まれやすいのです。

技術を取得するのにも、大切なイメージ記憶を強化するためにも、普段から自分の頭で考えてスポーツをすることが大切なのです。

イメージを引き出す「判断」のメカニズム

プロ野球の打者は、対峙する投手が時速150㎞ものボールを投げてきても、それを見事に打ち返すことができます。投球プレートからホームベースまでの距離は18・44m。ボールが時速150㎞と仮定すると、投げてから打者にボールが届くまでに要する時間はわずかに0・4秒足らず。人間の脳が「バットを振れ」という指令を出してから実際に筋肉が収縮を開始するまでに約0・3秒かかり、さらにバットのスイングに約0・2秒かかるとされていますから、投手がボールを投げた後で球種などを判断し、それに合わせてバットを振ったのでは間に合わない計算になります。それなのになぜ、打者は見事にヒットを打つのでしょう。またその一方で、投手がホームベース上でワンバウンドしてしまうようなフォークボールを投げた時、それが明らかにバットを振るのには適していないボールであるにもかかわらず、プロの打者が空振りしてしまうことがあります。150㎞の剛速球を打ち返す超人的な能力がある選手が、どうしてそのようなミスを犯してしまうのでしょう。

150㎞のボールを打ち返すことにも、フォークボールを空振りしてしまうことにも、イメージ記憶が関わっています。先ほど触れたように、物理的な計算では、打者は投手が投げたボールを見てから体を動かし始めたのでは間に合いません。そこで、投球動作の途中で次に投げられる球種などを予測し、その予測した球種に対応するものとして最も適した動きを記憶の引き出しから検索、再合成します。例えば次がインコース手元に食い込んでくるボールと判断した時には、肘をたたんでコンパクトなスイングをするイメージ記憶を呼び出し、実際に投げられたボールの軌跡を見る前にそのスイングをスタートさせてしまいます。

ところで、この時、なぜ打者が次の投球がインコース手元に食い込んでくるボールだと判断するかには、多様な要素が関係してきます。イニング数、アウトカウント、塁上のランナーの数などが重要な要素でしょう。その中で、例えば投手側から考えた場合に、右バッターがサードかショートの方面につまったゴロを転がしてくれると都合がよい、という場面であれば、一つの選択肢として、インコース手元に食い込んでくるボールを投げてくる可能性があります。そのように、自分が置かれた状況を総合的に判断しながらいくつかの選択肢に絞り込み、その中から最も適していると思われるバッティングフォームをイメージ記憶から呼び出すのです。

私たちの体は一度、一つの動きのイメージを決定してしまうと、それに従って手首、肘、肩、上半身、下半身などの動きが記憶から引き出され、一つのまとまったフォームを自動的に形づくってしまいます。そのバッティングフォームのイメージはボールが投げられる前に決められ、開始されています。ボールが投げられてから打者に届くまでの間には約0・4秒しかありませんから、判断ミスをしてしまい「しまった、違う」とわかっても、開始してしまった動きを取りやめ、別の動きのイメージを記憶から引き出して再合成する時間はありません。そのため、予想外にフォークボールが投げられた時、それがワンバウンドするような軌跡を描いたとしても、途中で修正することができず空振りしてしまうのです。

このように、スポーツの技術が駆使される場面では、現象を目視してからじっくり判断して動くことよりも、事前にある程度の判断と予測を働かせて動くことが中心になります。これは見方を変えれば、場面場面でいかにして「次にどのように動けばいいか」という的確な判断を下し、予測しながら行動できるかどうかがスポーツでは重要ということになります。

ところで、「合図が出たら足首を伸ばす」という場面を設定し、足首の筋肉の収縮と、その筋肉を収縮させる指令を出す脳の働きを調べた実験があります（谷口ら、1983年）。それによると、「行きますよ」と予告してもらい、その1秒後に必ず「はい」と合図を受けて足首を伸ばした場合、「はい」という合図の約50㎜秒後に脳波の働きが活発になり、脳の指令がすぐに足首の筋肉を動かす活動につながったことが確認されました。しかし、「行きますよ」という予告から「はい」という合図を受けるまでを1秒に固定せず、1秒より短くしたり長くしたりランダムにすると、合図をしてから脳波が活発になるまでの時間が約200㎜秒に遅れてしまったのです。

この実験結果は、人が体を動かす前に心の準備をすることが、次の動きを機敏かつスムーズにすることを裏付けています。「いきますよ」という予告から「はい」という合図までが1秒に固定されている場合には、「予告があれば1秒後に必ず合図が来る」という予測がたちます。そのため、「いきますよ」という予告が出たその瞬間に脳内で足首を動かすための指令の準備が整います。しかし、予告から合図までの間隔がランダムになると、いつどのタイミングで合図が出るかわからないために、脳内で指令を出すための神経の準備をうまく整えることができず、それは脳波の活性度の遅れとして確認できました。脳内で指令を送る神経の働きが活発になるタイミングが遅れれば、当然、その指令を受けて収縮する筋肉の活動が開始されるタイミングも遅れてしまいます。

次の動きを開始するための予測がつけば、脳内では「どのように動くべきか」という神経の発信準備が整い、必要な場面に際してより早いタイミングで神経の指令を送り出すことができます。ですから、スポーツでは次の場面の予測をして動くということが、非常に重要なのです。俗に、的確なプレーをするスポーツ選手を「センスがある」「賢い」という表現で称賛します。センスがあるのも賢いのも、的確な予測と判断ができていて、それをプレーに活かせていることの現れでしょう。子どもたちにスポーツを教える時にも、いかにしてこの予測・判断の力を刺激し、育てていくかが大切になります。

迷い、失敗する経験がなければ賢くならない

予測・判断の力を刺激し、育てるためには、指導者に言われたことを機械的に反復することが役に立たないであろうことは容易に想像できます。調教され動物のように決められた動きを繰り返していれば、幼少期の試合では勝利を手にしやすいでしょう。しかし、それらは所詮、仕込まれた動きに過ぎず、そこから自らの頭を使って予測・判断する力が養われる期待は持てません。では、どのようにして予測・判断の力は醸成されるのでしょうか。

まずは、子どもたちの前に常に一つの「正解」ばかりを用意して、ひたすらそれを追求するという活動を慎むことが必要でしょう。できるだけ複数の選択肢を用意し、子どもが試行錯誤しながら選択していく状況を用意することが大切になります。

そもそも、スポーツの技術を駆使する状況そのものが、たった一つの正解しかないわけではありません。例えば、野球でバントをして手堅く走者を一つだけ進塁させるか、思い切ってヒッティングに出て一挙に得点を奪うかの判断は、どちらが正解ということはありません。サッカーも同じで、ゴール前の難しい角度から思い切ってシュートを狙うか、中央にいる味方にパスするかの選択も、どちらが正解だったかは結果論でしかありません。

野球で思い切ってヒッティングに出て併殺になった場合、あるいはサッカーで無理に角度のないところからシュートして失敗した場合、結果論としてバントの方が正解、あるいはパスした方が正解、という指導をしてしまいがちです。しかし、そのような結論を安易に出してはいけないと思います。仮に子どもが結果として失敗する方法を選択したとしても、指導者は「それも面白いね」と受け止める度量が必要でしょう。自分で判断し、思い切って決断して実行したことに対して、「自分で決めた、ということが大事なのだ」と受け入れる姿勢を示すことが必要でしょう。

子どもが自分なりに試行錯誤し、選択したことに対して叱責したり、否定するような言動、態度を取れば、子どもは次から試行錯誤して選択することを避けてしまいます。そして叱られることを恐れて、失敗をしない無難な選択をするか、指導者の顔色を見ながら、怒られない方法を選ぶことを常としてしまうでしょう。これでは予測・判断の力が育たないばかりか、自分の意思を発現できない風見鶏のような人間をつくってしまうことになりかねません。予測・判断の力を育てるためには、まず、挑戦し、失敗することを恐れない環境をつくることが大切です。

挑戦、失敗が許される環境の中で、さまざまな状況に応じて「こうなったらどうしよう」と迷い、決断する経験を重ねていくことは、予測・判断の力を育てる一方で、正しい方法を見つけたときの喜びを大きくします。失敗を重ねながら正しい方法を自力で探し出すことを通して、「自分はできるのだ」という自己有能感を育成する期待が持てます。また、「こういう選択をすると、こうなってしまうこともある」という経験値も積み重ねられていきます。さまざまな動きを試す中から、まとまった一連の動きとしてイメージ記憶の中に蓄えられるバリエーションも豊富になってきます。

次に必要なことは、一つの技術や動きを覚えていく過程には、できるかできないか、という二者択一ではなく、いろいろな局面があるということを体感させてあげることでしょう。現在の子どもたちは、進学教育に浸かりきっていて、テストの解答のように一つの事象を正解、不正解に二分する考え方に陥りがちです。実際、私がサッカーの指導中に、見本のデモンストレーションを見せると、すぐにそっくりその通りにまねできないと「不正解」であり、「不正解」のものはすなわち自分には不可能なこと、と決めつけてしまう子どもによく出会います。少しがんばってはみるものの、その場で完璧にまねできないと「これ、ムリ」と言ってそれ以上、努力しなくなるのです。

そのような子に対して私は「サッカーのワザを覚える時は、テストと違って正解が一つだけ、ということはないんだよ。正解以外はバツということはないんだよ」と言い聞かせます。「すぐに全部できなくても、半分できるとか、ここまではできるとか、それでいいんだよ。少しずつ上手になればいいんだよ」と言います。そして、「やってみて、もし失敗したら、次には『さっき失敗した方法と別の方法でやってみよう』と思うことが大事なのだよ。何度も同じやり方で失敗するのはお利口さんではないね」と言います。

私のアドバイスが子どもたちにどこまで受け入れられているかは定かではありません。しかし、私はそのように語りかけることで、子どもの中に「どうして、こうすると失敗するのだろう」あるいは「今度は、こうやってみようか」という気持ちが湧き上がることを期待しています。そのように、ごく初歩的ではあるけれど、自分の判断とその結果として出てきた自分の体の動きを客観視できるようになることが、スポーツで頭を使う力を養っていく上で最も大切であり、また、予想・判断の力を身につけるための第一歩だと思っています。

さて、子どもが練習をしながら「どうして、こうすると失敗するのだろうか」「今度は、こうやってみようか」と思い、自分なりに試行錯誤しながら上達するためには、今、練習しているスポーツそのものが大好きで、上手になりたいという意識を持っていることが大前提になります。そう考えると、少年スポーツの指導者は、まず、子どもにそのスポーツを大好きにさせるという、大事な仕事があるわけです。予測・判断の力も、また、プレーのセンスや賢さも、好きで上手になりたい、という意識がすべての出発点ということを忘れてはいけません。

3――いかにして力を引き出してあげるか

選択的認知を適切に働かせる意識のアンテナ

スポーツを巧みに行うためには、次にどのように動くか、ということを予測・判断することが大切です。私たちは、この予測・判断を行うために、プレーを実行する前にさまざまな情報を集めています。それは、例えばサッカーの場合なら得点差、試合時間の経過のように、確認のために時間的余裕が与えられている情報がある一方で、自分の目前に立ちはだかる相手ＤＦの姿勢、サポートに走り寄る味方の選手との距離など、瞬時に確認しなければならない情報もあります。いずれにせよ、スポーツをプレーするには、そうした自分を取り囲むあらゆる情報、言い換えれば自分の置かれた「状況」をきちんと把握する必要があります。

私たち人間は、ある一定の波長の範囲内の光や一定の周波数の範囲内の音を見聞きして生活しています。そうした物理的な状況は、すべての人に平等に用意されています。スポーツの中のある一場面でも、収集することのできる情報はすべての人に平等に用意されています。ところが、その森羅万象の中から何を選択して拾い出し、次のプレーのための判断材料としていくかについては、十人十色です。自分が置かれた状況の中からどのような情報を選び出し、次のプレーのために何を採用していくかについては、選択的認知という働きが関わっています。

ところで、カクテルパーティー効果という現象があります。これは、形は違えども、誰でも経験のあることです。例えばサッカー好きの私が、まったくサッカーとは関係のない人々の集うパーティーに招待されたとします。雑然と賑わうパーティー会場で、私は対面している人とサッカーのことなどすっかり忘れて経済や政治の話をしていたとします。すると、ふとした瞬間に、どこからともなく「サッカーの場合は……」という言葉が耳に飛び込んできます。周囲の誰が言ったのかはわかりませんが、今、確かにどこかで誰かが「サッカー」という言葉を発したのを聞きます。そこで私は周囲を見渡し「今、誰かサッカーのことをお話ししている人がいたようですが」などと、周囲の人に尋ねたりします。これがカクテルパーティー効果と呼ばれる現象です。

このカクテルパーティー効果は、選択的認知が無意識に働いたケースです。私の潜在意識の中に「サッカー」という概念は常にとても大きな存在としてあります。常日頃からサッカーに関わる情報は逃すまいという意識を働かせています。ですから、まったくサッカーに関係のない場所で雑然と会話が交わされ、誰が何を話しているか判別できないような状況の中でも、どこかで「サッカー」という言葉が発せられると、それは膨大な音の情報の中から自動的に私の聴覚に選択されて、認知のアンテナにひっかかるのです。

もちろん、選択的認知は意識しても働きます。ナイサーという学者が、意識して行われる選択的認知に関して興味深い実験結果を示しています。実験に参加した人は、画面に映るバスケットボールの映像を見ながら、パスが行われた時にスイッチを押すように指示されます。ただし、その映像は二重写しになっていて、プレーそのものが非常に見にくい状態になっています。ですから、皆、指示されたとおりパスが行われた瞬間を見逃さないように、集中して画面を見ています。ところが、その画面にはさらに仕掛けがあって、途中から傘を持った女性が画面を横切る映像が重ねられます。つまり、一時的に画面は三重映しの状態になるのです。

実験の参加者は、とても判別しにくい映像からパスの場面を選んでスイッチを押すことになったわけですが、実験はさほど混乱せずに終了しました。それどころか、途中から画面が三重写しになり傘を持った女性の映像が重なったことに気がついた人は、全体の20％しかいなかったのです。これは、見にくい画面からパスの場面を探し出そうと懸命に努力する中で、関係のない場面を意図して無視する作業を実施したことによります。集中して物事に取り組んでいる時には、別のことがまったく頭に入らなくなるという経験は、誰でもあるでしょう。これが意識して発揮される選択的認知です。

さて、この選択的認知はスポーツでも非常に重要な役割を持ちます。次のプレーを予測して判断していくためには、その前に、森羅万象の中から必要と思われることを厳選して選択的認知をしておかなければならないからです。ところが、同じ事象を見聞きしたとしても、視点が異なったり、注意を向ける部分が違ったりすれば、認知する内容も違ったものになってしまいます。

高名な建築家が設計した建築物が完成した後、設計ミスと思われる原因で地下のスペースに水が溜まるトラブルが起きた時のエピソードを聞いたことがあります。その時、当然のことながら建築家は原因究明、改修の見積もりのために呼び出されて現地を視察しました。現地に到着して水に浸った地階を見た建築家は、憤慨する施工主の前でこう言ったそうです。「いやー、綺麗ですね」建築家は設計ミスの原因よりも、一面に水が張られた状態の美しさに心の焦点が当たってしまった、つまり選択的認知をしてしまった、というわけです。これでは浸水の原因を追及するという第一義は達成されません。

選択的認知が無意識の中で機能する場合も、また、意識して機能させる場合も、いずれの場合でも大切なことは、自分の中に、目的の事象に関する意識のアンテナが張られていることです。常にそのことに関心を持ち、いくつもの情報の中で高い優先順位を与えておかねばなりません。子どもがスポーツを学ぶ場合も同じです。練習日にはその場で言われたとおりに動くだけ、練習が終わればスポーツをすっかり忘れてゲーム機に夢中、という姿では、その子の意識のアンテナは広がらず、上達のために選択的認知をしていく働きは高まらないでしょう。

子どもに自分のプレーについて考えさせ、上達のための課題を与えるようなアプローチを常にしていれば、子どもの意識も変わり、選択的認知のアンテナも広がるでしょう。例えば、サッカーのシュートを上達させたい子どもに対して、練習の中でいろいろな方法を試みるだけでなく、「今日、家に帰ったらTVのJリーグの試合で選手がどんなシュートをするか見てみよう。そして、次の練習の時に、その選手がどのようにシュートしていたかをコーチに報告してみよう」という宿題を与えるなどの方法はいかがでしょう。子どもはシュートの方法について新たな認知のアンテナを張ったことになり、シュートについての情報を獲得する機会を増やすことでしょう。

考えて発見して、認知地図を広げる

幼稚園の子どもたちにサッカーをさせると、皆がボールのところに集まってしまい、全員がボールを追って右往左往するという状態になります。ところが、同じ子どもたちが4〜5年もサッカーを経験し続けると、ボールが右側にあっても敢えてそれに向かっていかず、左側でパスが来るのを待つ、という感覚が身につきます。大人になれば、広いピッチ全体にイレブンが広がってプレーします。幼児期は自分と目前のボールだけを意識してプレーすることしかできませんが、小学3〜4年生になると自分の周囲10〜20mくらいの範囲まで認識する範囲を広げることができます。成人では105×68mのピッチ全体を考えながらプレーす

ることができます。このように、自分が認識できる物理的な行動領域は「認知地図」と呼ばれ、年齢と経験に応じて広がっていきます。

サッカーの3対3のミニゲームを対象にした研究で、初心者ほどパスやドリブルが前方に向けてプレーされる割合が高く、上級者になるほど横や後方を活用するプレーが増えるという研究結果があります（麓、1995年）。これは、経験と認知地図の広がりとの関係を示しています。経験を積むほどにゴールを奪うための攻撃方法は多様にあることを知り、前方に向かって一直線に攻めるだけでなく、左右、時には後方のスペースも活用して広く攻める意識が醸成されるのです。

スポーツの認知地図を広げるには、目前のボールを無意識に追うような本能的、反射的なプレーに終始するのではなく、自分と相手、ボール、ゴールなど、プレーに関与するすべての事象を俯瞰する視点を育てる必要があります。次の展開を予測し、複数の可能性を思い描きながら最善のプレーを選択していく、という意識を醸成することで、認知地図が広がっていきます。指導者に指示されたとおりに機械的に反復動作を繰り返しているだけでは、認知地図は広がらないのです。

とはいえ、子どもたち自身に考えさせなくても、認知地図を広げたと同じような効果を生み出すことはできます。それは、大人が「効果的な動き方」を徹底して教え込むことです。

例えばサッカーの場合なら、子どもが思わずボールのある場所に向かって走りそうになった時に「そっちへ行ってはだめだ、そこで待っていろ」と強制することです。子ども自身はわけもわからず、言われたとおりにボールから離れた場所で待っています。すると、何かの拍子に偶然ボールがその子のところに転がってきてチャンスとなります。そのように教え込んだ子を増やすほどに、チームの勝率は高くなります。

もちろん、この経験を通して、その子が「どういう場所がチャンスになるのか、よくわかった」と自発的に気づいてくれれば、その子の認知地図は次から拡大されることになり、一時的に強制したことも効果があったと言っていいかもしれません。しかし、事はそう簡単ではないことが多いようです。その子の中では、「気がついた」という認識よりも、「コーチの言うとおりに動いた」という認識が強くなることが多いからです。特に、子どもが置かれた日常の練習環境が、自らが考え、発見していくことよりも、指示どおりに忠実に動くことを重視しているのであるなら、その傾向はより強くなるでしょう。これでは、子ども自身の認知地図は広がりません。それだけではなく、子どもは次の試合から「自分が動くべき場所はどこ?」と、コーチに指示されることを求めてしまうでしょう。

ところで、ブルーナーという学者が「発見」について興味深い研究結果を示しています。中学生を三つのグループに分け、それぞれに2枚一組になった単語カードを何組か手渡します。Aグループには、それらの単語を単純に記憶することが指示されました。Bグループには、2枚一組のカードの単語を組み合わせて簡単な文章をつくり覚える、という方法が指示されました。例えば「ボール」と「足」という単語だったら「私は足でボールを蹴った」というような覚え方をしました。Cグループには、Bグループの生徒が作った文章を借りて使い、そこに含まれている単語を覚えることが指示されました。

生徒がどれくらい単語を覚えたかを集計すると、Bグループの生徒が最も成績が良く、30組60語の単語の95％を覚えていました。次に多く覚えていたのはAグループの生徒ですが、それでも50％以上の単語を覚えていた生徒はわずかだったといいます。最も成績の悪かったのはCグループの生徒だったそうです。この報告は、自ら考え、努力して身につける記憶の確かさ、深さについて示唆しています。私たちが車を運転する時、自分で地図、あるいはカーナビを見ながら苦労して辿った道はよく覚えていますが、助手席に座って通った道はうろ覚え、ということがよくあります。心の中に深く刻み、確かな記憶にするためには、やはり自分の頭をしっかり働かせねばならないのです。

スポーツの認知地図を広げる作業も同じです。指導者の言われたとおりに動いて得たチャンスでは、本当の認知地図を広げたことになりません。自らが考え、悩みながら発見した喜びがあってはじめて、認知地図の拡大が記憶の中に確かに刻まれていきます。そのためには、たとえ子どもであっても、目前のプレーに全力で立ち向かっていくことだけでなく、自分、相手、ボールの動き、ゴールの位置など、プレーの全体を俯瞰しながら必要なことを察知していく力も養っていかねばなりません。

これらのことは、言葉にして表すと非常に難しい作業に思えますが、そんなことはありません。例えば、仲間の試合の様子などを皆で揃って見ながら「今、どこがチャンスの場所だと思う」と問いかけ、子どもに観察させながら考えさせるなどの方法は、その一助となるでしょう。そうした活動を通して、たとえ未熟であっても、子どもなりに「俯瞰する目」を持つことの意味を知り、また、そのような視点を持ちながらスポーツに取り組むことが大切であることを知ることができます。

もちろん、観察させ、考えさせたからといって、次からすぐに効果が表れるわけではありません。外から人のプレーを見ている時には「ここがチャンスだよ」と的確に答えられる子が、いざ、自分でプレーする段になると相変わらず無我夢中になって忘れてしまう、ということは日常茶飯事です。大切なことは、そのような活動を日常化することで、認知地図を広げていくために必要な視点、考え方を養う刺激を与え続けることなのです。

「好き」と構造化された場面の記憶

スポーツでは「構造化された場面の記憶」が重要な意味を持ちます。構造化された場面とは、「こうなれば次にはこうなる」というように、何かの手がかりがあれば、その次に起きることが容易に想像できるような、ひとまとまりになった場面をいいます。例えば、野球でファーストにランナーがいて打者がセカンドゴロを打った時、ショートは必ずセカンドベースに入ってセカンドからのトスを受けゲッツーを狙います。野球ファンなら、この一連の動きは、当然のものとして認識されています。ですから、打者がセカンドゴロを打った瞬間に一度、映像をストップしたとして、「次にショートはどうしますか」と尋ねれば、野球ファンなら百パーセント、「セカンドベースに入ります」と答えるでしょう。このように、いわば、ある設定の範囲内で「お決まり」になっている状況のつながりが、構造化された場面です。

チィという学者が、この構造化された場面について興味深い実験結果を報告しています。実験に用いられたのは、チェスの盤面を10秒間だけ見て記憶し、白紙のチェス盤に再現するという課題です。参加したのは、チェスの才能に長けた平均10歳の子どもと、ごく平均的なチェスの知識しかない大学院生と研究者でした。実際のチェスで使われる駒の配置が8種類、提示されました。10秒間観察した後に駒の配置をより正しく再現できたのは、子どもたちの方でした。

子どもたちの成績が良かったのは、単純に子どもたちの記憶力が良かったから、という可能性もありました。そこでチィは、チェスとは別に、子どもたちと大人の両方に、10個の数字を用いた記憶問題を課しました。その結果、子どもたちの一般的な記憶力が大人たちよりも勝っていることは確認されませんでした。子どもたちの高い記憶力は、自分たちの得意なチェスの駒の配置に関して発揮されていたのです。自分が好きで得意なものに関しては、子どもでさえ、相当、専門化された物事に関しても構造化された記憶を多様に持つことができることがわかります。

さて、先ほど例に挙げた野球のゲッツーの場面のように、スポーツには構造化された場面が豊富にあります。それらの構造化された場面を察知し、記憶していくためには、その場面に関わる基本的な技術、戦術に関する知識が必要です。もう少し掘り下げれば、ルールやポジションごとの役割など、さらに初歩的な知識が備わっていることが前提となります。例えば、野球のゲッツーの場面でいうなら、アウトカウントや進塁やフォースアウトのような基本的なルールを知り、セカンドとショートとの基本的なコンビネーションについて知り、ファースト、セカンド、ショートのそれぞれが、打球の飛び方によって、どれくらいのタイミングでどこへ動き出せばいいかを知っていてはじめて、成り立つのがゲッツーという構造化された場面です。

このように、構造化された場面を察知し、それを記憶するには、その場面を成立させている要素について、あるレベルの知識量が必要です。この知識の量とプレーの質との関係について、フレンチとトーマスの研究グループが興味深い研究結果を示しています。

8歳から12歳の少年バスケットボール選手が対象になりました。少年たちにはバスケットボールに関する50項目の知識テストが実施され、その点数とプレーの質との相関関係が調べられました。その結果、プレーの質を高く評価されている選手ほど、知識テストの点数が良い傾向にあることがわかりました。また、全体として状況判断の力が向上するにつれて、知識テストの点数も良くなる傾向があることも示されました。プレーに関する知識の量と、プレーの質とは正の相関関係にあったのです。

先ほどチェスの実験で紹介したチィは、知識の構造化についても興味深い研究をしています。7歳の小学生を恐竜について詳しい子とそうでない子に分け、それぞれに恐竜の絵を見せながらその恐竜の名前や知っていることについて話をさせました。また、20枚の恐竜の絵を一度に提示して、子どもたちにそれを分類させ、その理由を尋ねました。子どもたちの応対の様子は録音され、後に再生して分析されました。その結果、恐竜に詳しい子どもの方が恐竜についての説明、記述に論理的な組み立てを用いるケースが多いことが示されました。また、分類をする際、一貫した基準（正誤は別として）を用いて整合性をとっていることが顕著だったことも示されました。

好きで得意なものに関する豊かな記憶があれば、それらに関する記憶の再現を行う時に、多様な記憶どうしの組み合わせを試みながら、論理的な概念として一貫した記憶の再現がなされやすいということが示されたのです。恐竜に関する知識を、スポーツのプレーの中の一つの構造化された場面、例えば「野球のゲッツー」と置き換えてみればどうでしょう。グラブさばきやスローイング、走者の姿勢、打球の質など、関連する事項に豊かな知識があるほど、「こういう時には、こうする」というように、対処すべき場面に関して多彩な観点を応用して行動できるようになるでしょう。

このように、構造化された場面の察知、記憶には、その場面に関係する知識の量が重要な意味を持ちます。ですから、子どもといえども、プレーを楽しみながら一つひとつのプレーの意味を知り、なぜそうするかを理解できるように、指導者は努力する必要があるでしょう。ただし、だからといって、プレーごとに「こうすることの意味はね」と言って長々と説明しているようでは、子どもたちの興味関心が減退してしまいます。「なぜか」ということを教えるには、子どもが迷っている時、あるいは失敗した時がチャンスです。「どうしてだろう」

という疑問がある時こそ、子どもは知識を吸収しようとします。そんなタイミングをとらえて、考え、知識を獲得するように働きかけたいものです。

chapter

3

子どもたちの「今」とスポーツにできること

1――モラル醸成の環境悪化と少年スポーツ

人間関係の再構築とスポーツのモラル

内閣府「国民生活に関する世論調査」(2008年6月実施)によると、これから大切なことは「心の豊かさ」であると思っている人が62・6%、「物の豊かさ」であると思っている人が30・2%という結果が示されました(図3―1)。年金、医療などの社会保障の不安、政治の不振、金融危機、少子化など、私たちを取り囲む状況はネガティブなものばかりです。せめて、人と人との関係だけは温かくあってほしいという意識が、この数値となって表れたのでしょうか。

私たちが「心の豊かさ」を感じるためには、まず第一に良好な人間関係が必要です。深い信頼で結ばれた人間関係なしに、豊かな心を育むことはできません。ところが、最近の人間関係についての意識を見ると、「難しくなったと感じる」人が25・7%、「どちらかと言えば難しくなったと感じる」人が38・2%、合わせて63・9%の人が人間関係の難しさを感じて

図 3-1　心の豊かさと物の豊かさ

内閣府「国民生活に関する世論調査」2009 年

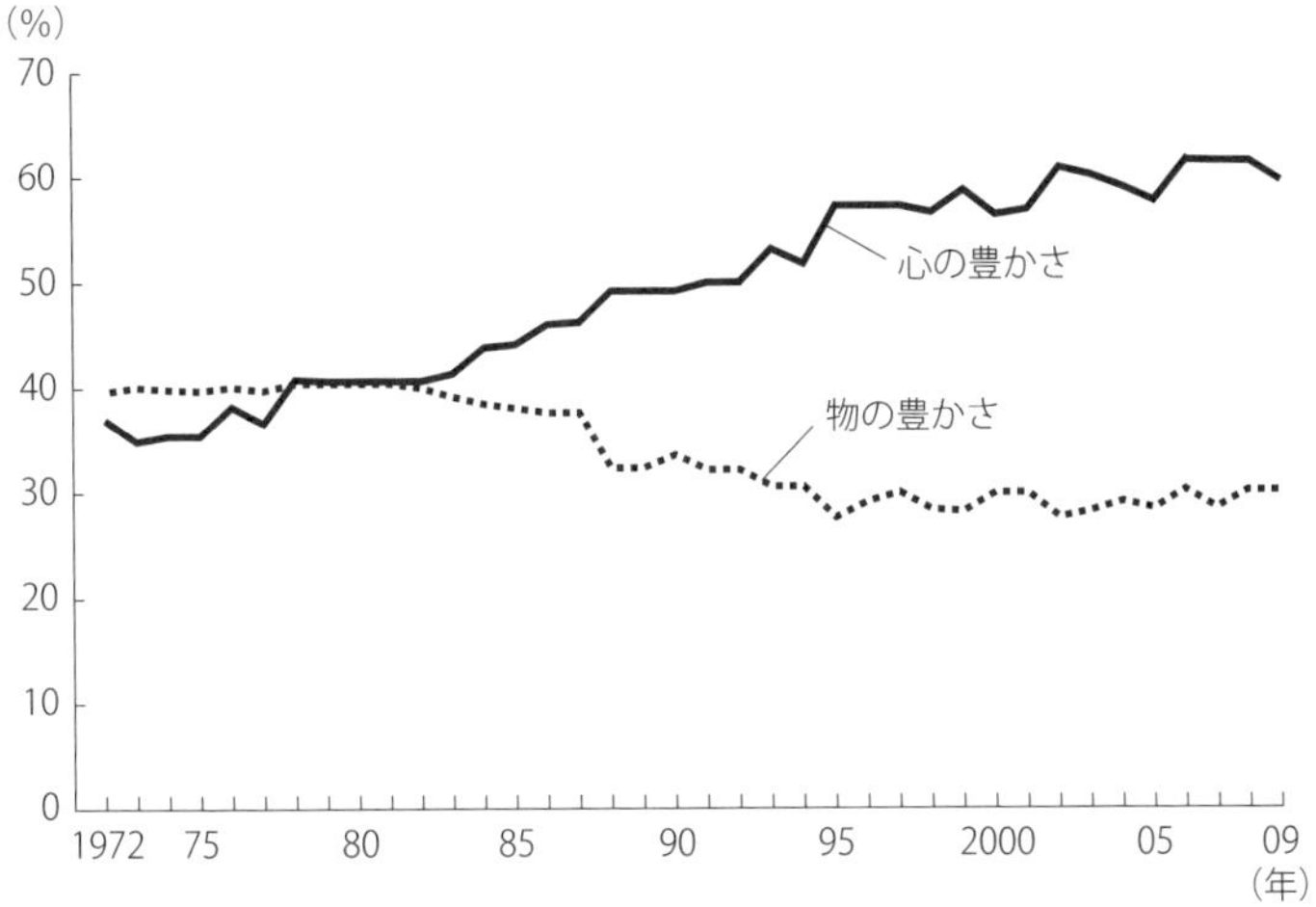

図 3-2　人間関係について感じること

内閣府「安全・安心に関する特別世論調査」2004 年

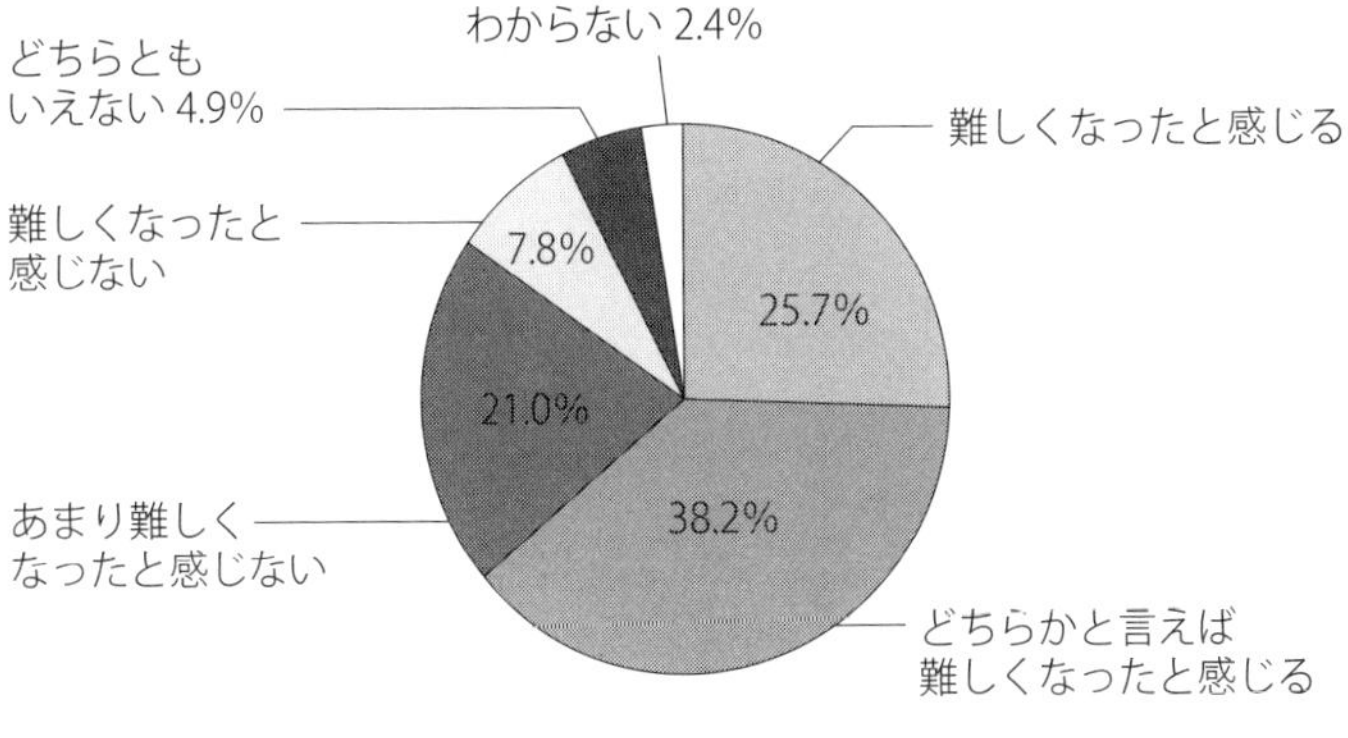

います（図3―2、内閣府「安全・安心に関する特別世論調査」2004年）。また、人間関係が難しくなった原因としては、「人々のモラルの低下」（55・6％）、「地域のつながりの希薄化」（54・3％）、「人間関係を作る力の低下」（44・5％）が上位を占めています（図3―3、同）。

心が豊かでありたいと希望しているのに、心と心の最も基本的な接点である人間関係は難しくなっている。そして、人々のモラルは低下し、地域との関係が薄れ、人との関係をつくる力自体が低下している。そんな世相にスポーツをする子どもたちも晒されているわけです。視点を変えれば、こうした世相の中にあって、私たち大人はスポーツを通じて子どもたちのモラルを高め、人間関係をつくる力を育て、豊かな心を育てていく努力をする必要があるわけです。

人間関係が難しくなった理由の第一に「モラルの低下」が挙げられたことは、スポーツの世界から見て非常に重い意味を持っています。モラル（moral）とは倫理、道徳、道義、教訓などの言葉に置き換えることもできます。社会や人間関係の中で、人としていかに立ち振る舞うべきかという態度や精神の在り方を示しています。それは法的拘束力によって規制するものではなく、人間相互の精神的な活動の一部として存在する概念です。ですから、モラルの維持には「心の在り方」が重要な役割を果たすと同時に、その「心の在り方」一つでモラルはいかようにも変化しうるものでもあります。

図3-3　人間関係が難しくなった原因

内閣府「安全・安心に関する特別世論調査」2004年

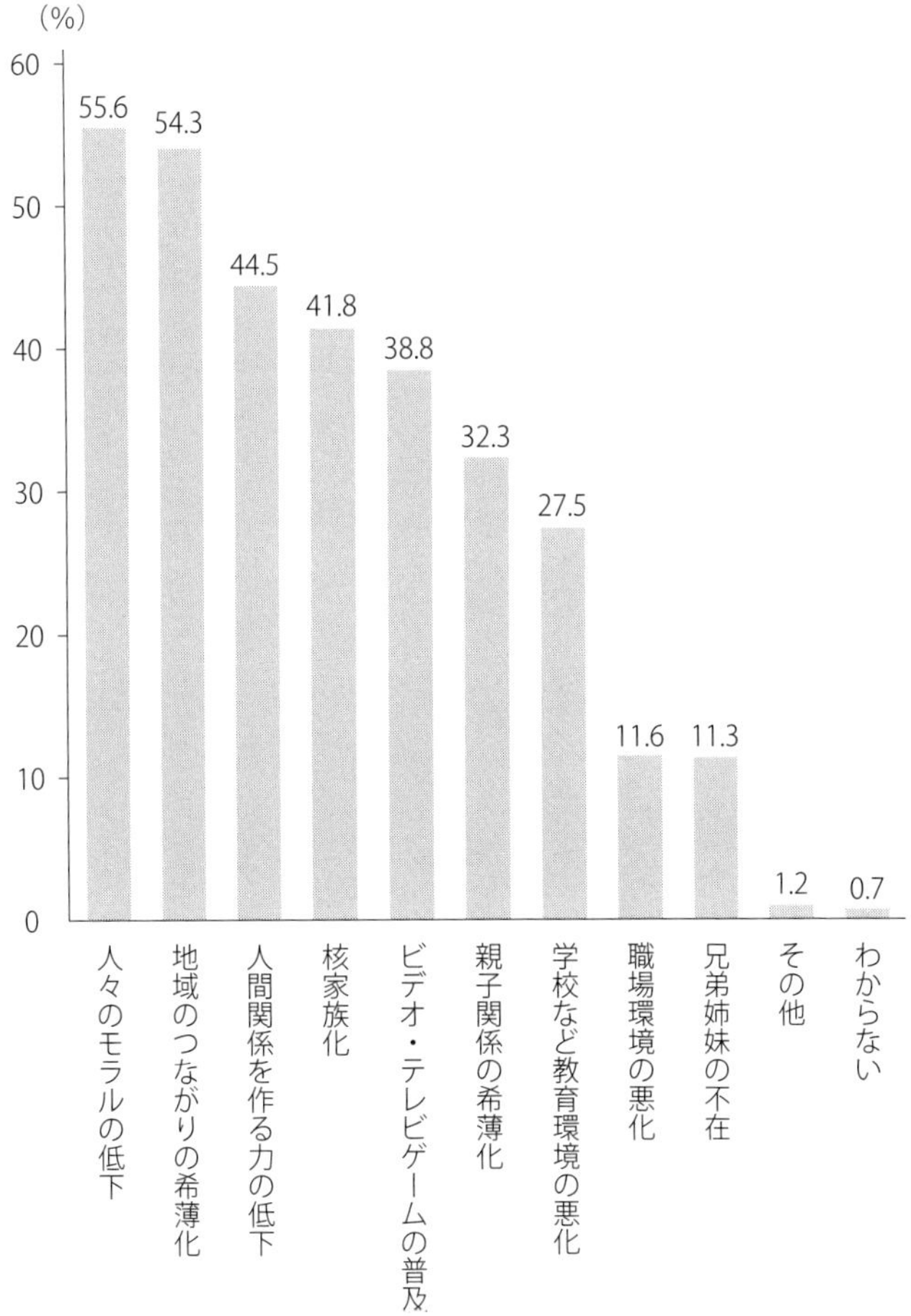

スポーツはルールで行動が規制される中、勝敗を競い、相手を打ち負かすために全力を傾ける活動です。その中で、時に体をぶつけ合い、また、相手の弱点を執拗に攻めることもあります。格闘技のように殴り合うことさえあります。日常生活の中では何ら恨み、憎しみのない他人に対して、スポーツを行う間は「敵」という意識を持って闘わねばなりません。スポーツは、ルール遵守という大原則の中で、ある意味で言えば極めて非人間的な、モラルに反する行動をとるものと考えることもできます。

「法」というルールのもとで秩序を守るという点では、社会生活も同じです。しかし、私たちの社会生活は、法さえ遵守していればよいと言い切れるものではありません。例えば、子どもが万引きをしようとして店員に見とがめられたとします。通報で駆けつけたその子の親が「金を払えばいいんだろう」と言ったとします。確かにその子の行為は、法で罰せられる可能性は少ないでしょう。しかし、その行為は法治国家として刑罰の対象にはならなくても、人の心のあり方として、問題を含んでいるはずです。「金を払えばいいんだろう」という姿勢に対して「それでいいのか」と問い直す心の在り方が必要です。それが、人間のモラルです。

先ほどの内閣府の調査で、人間関係が難しくなった原因の第一に「モラルの低下」が挙げられているのは、万引きをしかけた子の親が「金を払えばいいんだろう」というような行動が増えてきたからではないかと思われます。つまり、ルールさえ最低限守っていれば、人にとやかく言われる筋合いはない、というような考え方をする人が増えているのではないかと思うのです。しかし、そうした意識を押し出すだけでは人々のモラルは向上せず、人間関係も温かく豊かなものにはなりません。

例えば最近、サッカーの試合で次のようなシーンによく出会います。Aチームが反則を犯してBチームがフリーキックを得た時、ボールがAチームの選手のすぐ近くにあってもそれをBチームの選手に渡そうとせず、Bチームの選手がわざわざ取りに行く、というシーンです。また、ボールがタッチラインを出てBチームがスローインすることになった時、ボールがAチームのベンチのすぐそばを転がっているのに選手、スタッフはそれを拾ってBチームの選手に渡そうとせず、Bチームの選手が拾いに来る、というシーンにもよく出会います。

もちろんサッカーでは「フリーキックやスローインなどの場合、ボールが自分の近くにある時は、拾って相手に渡してあげなさい」というルールはありません。ですからAチームがボールを転がるままにしておいても反則ではありませんし、それはルールという観点からは間違っている行動ではありません。むしろ、ボールを親切に相手に渡そうとすれば、「バカ、相手ボールだぞ、わざわざ手渡すことはない、放っておけ」と怒られることさえあります。

それでも、自分の足や手を伸ばせばすぐに触れる場所にあるボールを「次にプレーするのは相手だから」と知らん顔をして放っておき、相手が遠くから走って取りに来るのを冷淡に見ている、という行為は、私には人として見苦しい行為に思えます。競っている対戦相手なのだから、親切にする必要がない、という意識は、モラルの低い人間の行為に思えるのです。そこに、「金を払えばいいいんだろう」という親と同じ姿勢を感じてしまうのです。

現代の社会が「心の豊かさ」を欲し、人間関係の悪化の原因としてモラルの低下が指摘されているからこそ、私たちは子どもたちにスポーツを通じてルール、法には規定されていないモラル、心の在り方を提示していかねばならないと思うのです。「ルールに触れなければよい」という意識を子どもたちのスポーツでも日常化していくなら、そこで育った子どもたちは社会に出ても「法に触れなければよい」というモラルを形成してしまうのではないでしょうか。

●●● 地域、家庭の教育力の低下とスポーツ

先ほど、モラルとは社会や人間関係の中で、人としていかに立ち振る舞うべきかという態度や精神の在り方だと紹介しました。私は、それを子どもたちに示すのは、専門の教科教育をする学校の先生に限られたことではなく、すべての大人に課せられた使命だと思っていま

図 3-4　昔に比べた親のしつけ

内閣府「国民生活選好度調査」2007 年

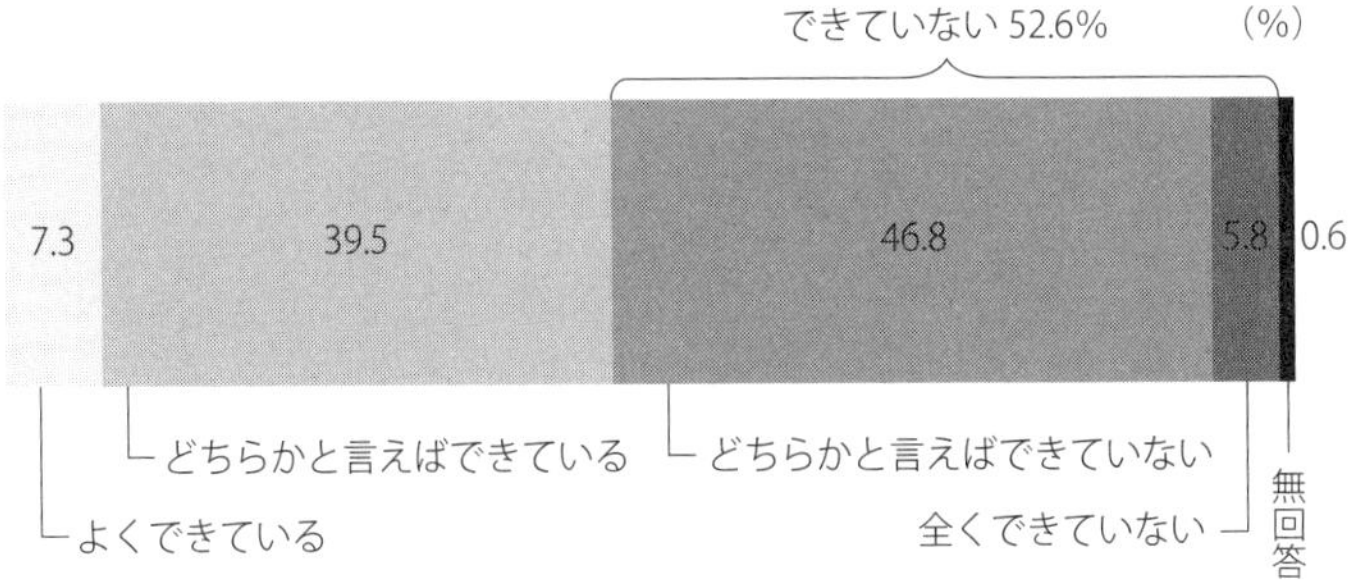

す。そして、子どもたちにとって最も身近な大人は親です。ところが、「しつけ」という切り口から見てみると、今の親たちは自分の子どもに対して十分なしつけができていない、と感じている人が多いようです。

内閣府「国民生活選好度調査」（２００７年）によれば、「昔と比べて親は自分の子どもに対して社会規範やしつけがきちんとできていると思いますか」という問いに対して「よくできている」と回答した人はわずか７・３％、「どちらかと言えばできている」は39・５％でした。その一方で、「どちらかと言えばできていない」は46・８％、「全くできていない」は５・８％でした。「できていない」と感じる人が多数になっているのです（図３―４）。

この調査ではさらに、子どもたちへのしつけが「全くできていない」あるいは「どちらかと言えばできていない」と回答した人に対して、「親が自分の子どもに対して社会規範やしつけができていない理由は何だと思いますか」という質問も投げかけています（複数から三つまで選択して回答可）。すると、最も回答が多かったのは「親自身が基本的な生活習慣が身に付いていない」（60・3％）でした。続いて多数だったのが「親の責任感や心構えが弱い」（58・0％）でした。この二つの理由が他を圧倒して多数になっています（図3—5）。

私がモラルの教育で最も期待している親たちが、自分自身の立ち居振る舞いそのものが模範を示せるような状態になく、また、子どもに手本を示す意識も弱い、という現実が示されています。

私たちの世代では、親だけでなく、近所のおじさん、おばさんも、モラルについてはうるさい存在でした。人としてどうあるべきか、ということに関しては、他人の家の子であろうが、見ず知らずの子であろうが、遠慮会釈なく叱ったものです。ところが、そうした環境も失われつつあります。文部科学省が実施した「地域の教育力に関する実態調査」（２００６年）では、自分の子ども時代に比べて地域の教育力は「低下している」と答えた人は55・6％に達し、「以前に比べて向上している」22・7％、「以前と変わらない」5・2％を大きく引き離しています。その理由として最も多かったのは「個人主義が浸透してきているので」で、

図 3-5　しつけができていない理由

内閣府「国民生活選好度調査」2007 年

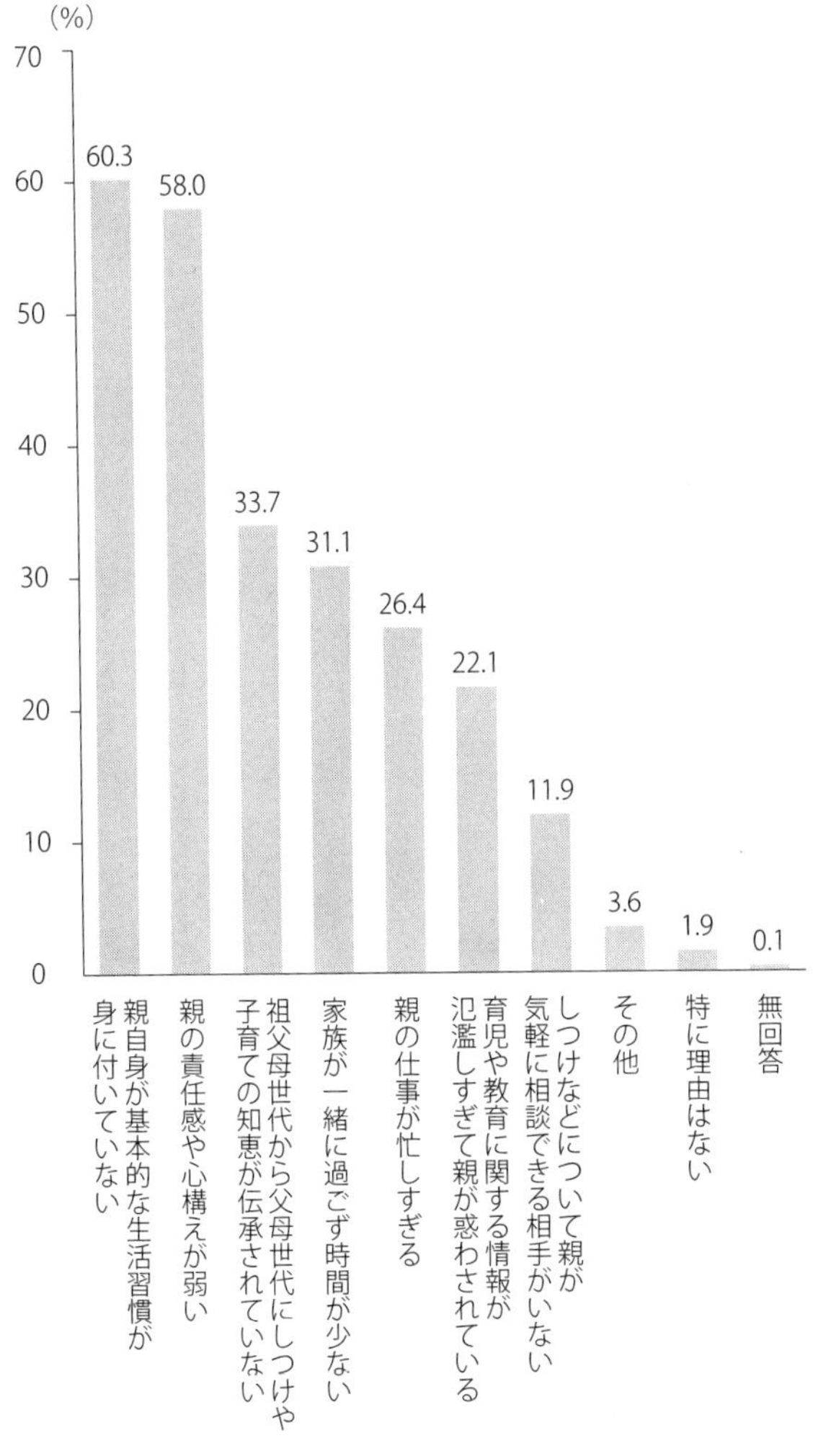

図 3-6　地域の教育力が低下した理由

文部科学省「地域の教育力に関する実態調査」2006 年

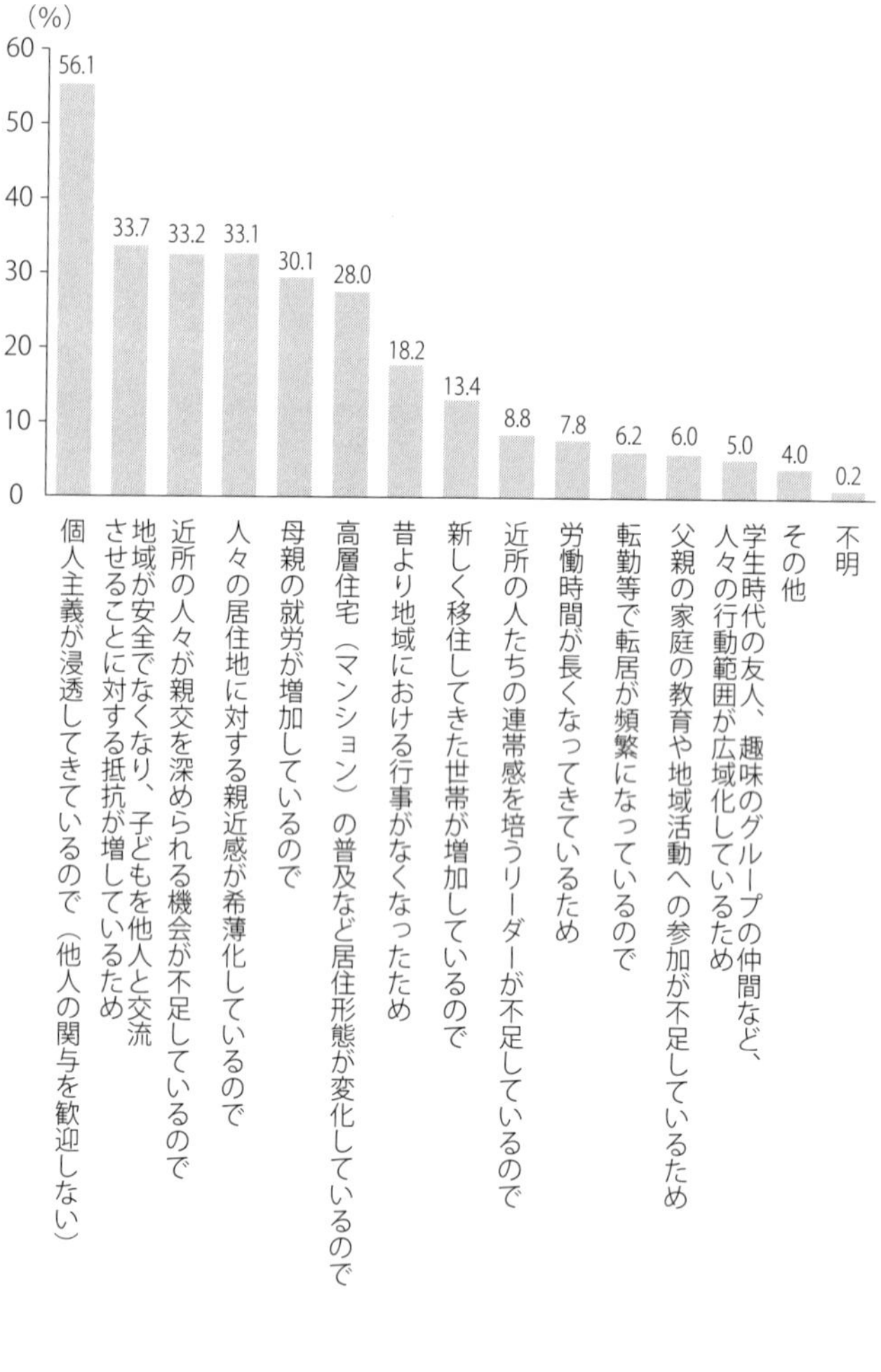
(%)
60
50
40
30
20
10
0
56.1
33.7
33.2
33.1
30.1
28.0
18.2
13.4
8.8
7.8
6.2
6.0
5.0
4.0
0.2
個人主義が浸透してきているので（他人の関与を歓迎しない）
地域が安全でなくなり、子どもを他人と交流させることに対する抵抗が増しているため
近所の人々が親交を深められる機会が不足しているので
人々の居住地に対する親近感が希薄化しているので
母親の就労が増加しているので
高層住宅（マンション）の普及など居住形態が変化しているので
昔より地域における行事がなくなったため
新しく移住してきた世帯が増加しているので
近所の人たちの連帯感を培うリーダーが不足しているので
労働時間が長くなってきているため
転勤等で転居が頻繁になっているので
父親の家庭の教育や地域活動への参加が不足しているため
学生時代の友人、趣味のグループの仲間など、人々の行動範囲が広域化しているため
その他
不明

56・1%でした。30%台だった2番目、3番目の理由を大きく引き離しています（図3―6）。

親が子どもに見本を示せるような生き方をしておらず、地域の人たちにも個人主義が台頭して人との関わりを避けるようになっている。そんな世の中に子どもたちは放り出されているというわけです。これでは、人としての心の在り方を学びようがありません。こうして、本来なら両親、地域で行われるべきモラル教育が十分に実施されていないとなると、別の場所で行われることに期待がかけられることになります。別の場所とは学校、学習塾などでしょうが、スポーツクラブもその一つに加えられるでしょう。スポーツの指導者は今、以前にもまして子どもたちにモラル教育を徹底しなければならない状況に置かれているのです。

モラル教育でポイントとなるのは、それが実利、実益とは関係なく、自らの心の満足のために行われるかどうかであると思います。誰でも自分の得になることは進んで行い、損になることは避けて通ります。勝敗を競うスポーツでは、得になることとはすなわち、プレーで優位に立つことであり、勝利に近づくことです。そのことに努力を惜しむ選手はいません。反対に、プレーの優位につながることがなく、また、勝利に結びつく可能性のないことにエネルギーを注ぐことは、選手にとって非合理的であり、ナンセンスとされます。

古い話で恐縮ですが、1964年の東京オリンピックのヨット競技で、こんなエピソードがありました。スウェーデンのキエル兄弟の艇は、トップ集団につけていましたが、後方を走る艇が強風に煽られて転覆したのを目撃すると、ターンして救助に向かい、転覆した艇の選手の安全を確保してから再度レースに参加しました。そのまま進んでいればメダルの可能性があったキエル兄弟は、結局11位に終わりました。彼らには後に、ユネスコ・フェアプレートロフィーが授与されます。

転覆した艇をそのままにしておいても、後方から来る他の選手が救助するかもしれません。また、大会の救助艇もあるわけですから、必ずしもキエル兄弟が行く必要がない状況だったのかもしれません。競技は大洋のただ中で行われているのではなく、管理されたコースの中で行われています。その意味では、勝負に徹するなら、レースを続けていてもよかったかもしれません。しかし、キエル兄弟は迷うことなく、進行方向とは逆の向きに進んで救助をしました。メダルを争う選手としてよりも、人間としての感性がそうさせたのでしょう。実利、実益を捨てて人間としての行動を選択した、素晴らしいフェアプレーのモデルです。

実利、実益から遠ざかる行為を推奨することはなかなか難しいことです。いじめられている子を見た時、助けてあげねばと思うのが人間のまっとうな感性です。しかし、最近の親は「知らんふりをしなさい。関わることはやめなさい」と教育するといいます。そんなことをしても何の得にもならない、という計算なのでしょう。成績評価や進学を考えれば、波風の立たない生活をするに限る、という考えなのでしょう。そんな時世の中、「人は損得だけで動くものではない」「人として為すべきかどうか考えろ」と教育していくことは、大変な困難が伴うでしょう。

しかし、すべてが実利、実益ばかりを追うかのような世相で、親さえそれを容認するような実情があるからこそ、スポーツの中では、忘れられかけたモラルを問い続ける必要があるのです。即物的な利益ではなく、人として精神の充足を求める意義を、スポーツを通じて理解させる必要があるのです。

ソーシャル・キャピタルとしてのスポーツ

社会学や経済学などで使われる「ソーシャル・キャピタル」という概念があります。直訳すると「社会資本」となり、電気、水道、通信、道路などの、いわゆるインフラを想起させますが、この場合はそのように物質的なものではなく、社会を構成する人々の信頼関係、情報ネットワークなど、人間関係の豊かさに焦点を当てた概念です。地域を基盤にした組織、団体での活動やボランティア活動、あるいは近隣の友人や知人との関係の深さなどが、ソーシャル・キャピタルの豊かさをはかる指標となります。ソーシャル・キャピタルの豊かな地域では出生率が高く、治安の改善などが期待できるとされています（図3―7）。

図 3-7　豊かなソーシャル・キャピタルの効果

内閣府「平成 19 年版　国民生活白書」2007 年

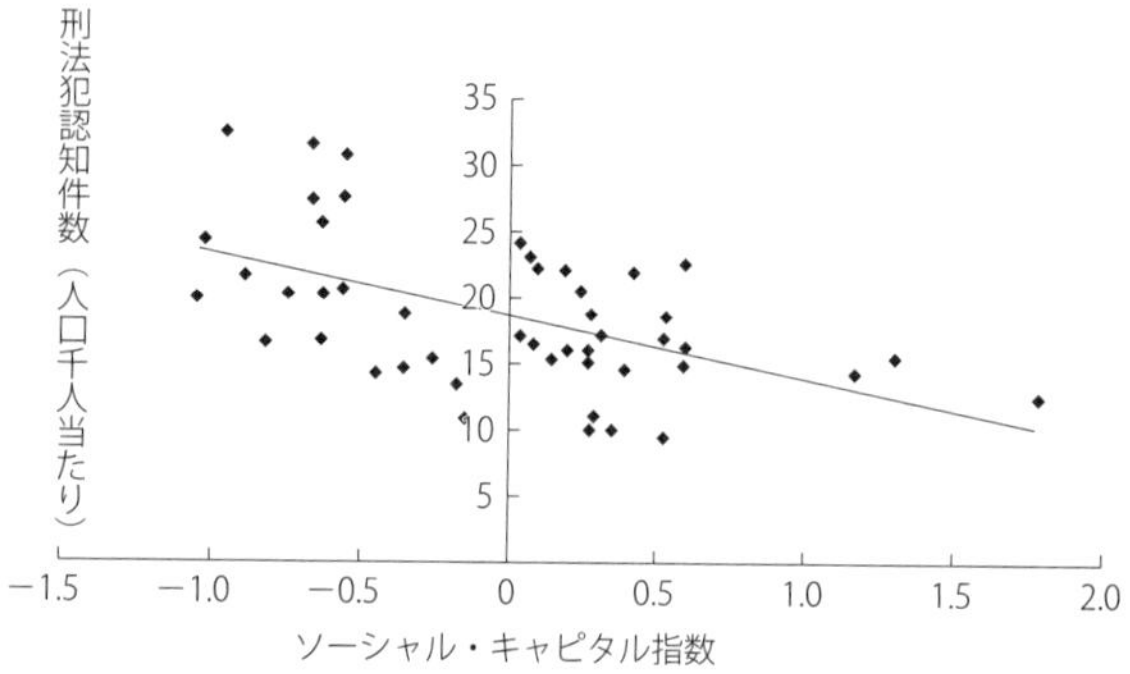

・内閣府「ソーシャル・キャピタル：豊かな人間関係と市民活動の好循環を求めて」（2003 年）、警視庁「犯罪統計書」（2003 年）および総務省「国勢調査結果による補間補正人口」（2006 年）により作成

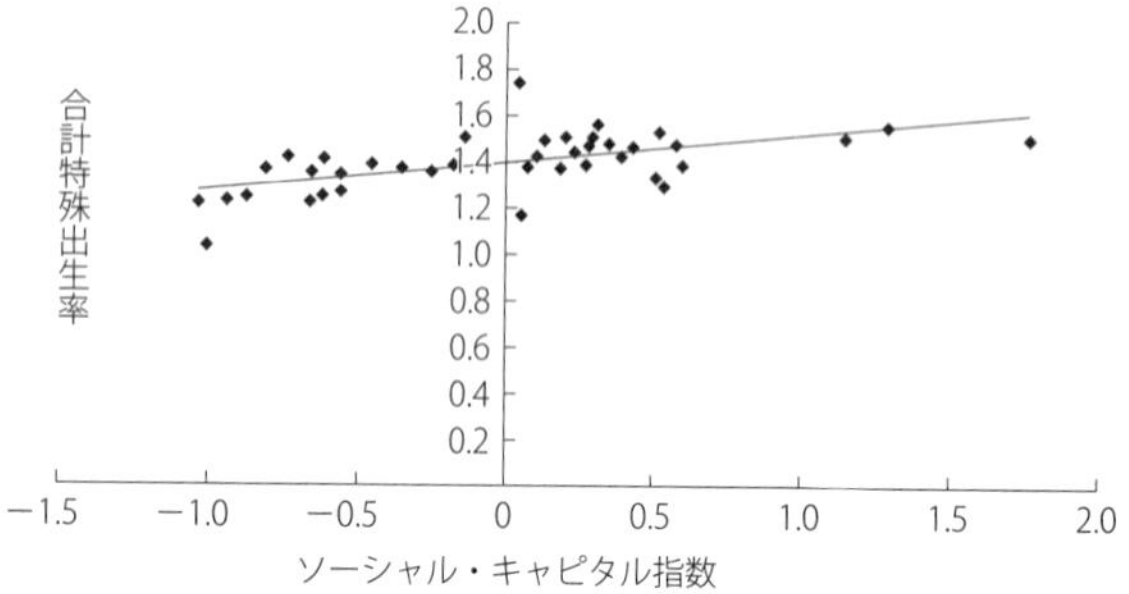

・内閣府「ソーシャル・キャピタル：豊かな人間関係と市民活動の好循環を求めて」（2003 年）および厚生労働省「人口動態統計」（2003 年）により作成

さて、小学1年生が学校生活に不適応を起こす「小1プロブレム」が90年代後半から指摘されています。入学後しばらくたっても静かに座って先生の話を聞けない、授業中に勝手に歩き回る、一人がトイレに立つと大勢がついていく、など初歩的な集団生活の形成が困難な1年生が増えていることが問題視されています。文部科学省の諮問機関である中央教育審議会では、2005年の答申でこの問題を取り上げ、その原因の一つとして家庭、地域の教育力の低下を指摘しています。つまり、ソーシャル・キャピタルの貧困化が、幼い子どもたちの成長、特に集団生活への適応に悪影響を与えているというわけです。

日本の少年スポーツは長い間、基本的には小学校の学区を基盤にした組織で活動し、地域の父兄有志による指導で運営されてきました。顔見知りの学友と、普段通っている学校のグラウンドでチームメイトとして活動する。コーチは同級生のお父さん。こうした形態が日本の少年スポーツを支えてきたわけですが、これはまさにソーシャル・キャピタルの豊かな環境と言えるでしょう。先ほど紹介したように、地域の教育力が低下していると認識されている昨今、このような形態で地域に根付くスポーツクラブの存在は、本来ならますます、その重要性を高めているはずです。

しかし、近年の勝利第一主義の蔓延は、こうした基盤を崩壊させつつあります。少しでも強いチーム、より勝てるチームを求めて、地域を飛び出し、別の地域に越境してプレーする子どもが増えているからです。スポーツチーム側も、自他共栄など微塵も考えず、自分のチームが勝ち、知名度を上げるために、運動能力の高い子どもが集まることだけを念じ、広範な地域に募集をかけ、地域を越えて優秀な選手を根こそぎ集めることに躍起になっています。かくして、チームメイトの通う学校はバラバラ、コーチもまったく生活圏の異なる地域から指導の時間だけやって来る人、というチーム形態が増えています。少年のスポーツチームであっても、技能だけで結びつけられた、いわば「外人部隊」のような集団が形成されているケースが増えているのです。

そうしたチームは、技能という要素で集約された集団ですから、スポーツの勝敗という部分では非常に効率の良い結果が得られることは自明の理です。しかし、そこで集団をつくる子たちは、スポーツ技能以外の部分での結びつきは非常に希薄です。彼らとその親たちにとって、自分とチームを結びつけているのは技能レベルそのものだけなので、技能レベルで調和が取れなければ、つまりそこで思ったほど活躍できないか、あるいはさらに勝利を手にしやすいチームが別に見つかれば、何の躊躇もなく移動していくわけです。技能という基準で結ばれた、非常に表面的な人間関係の上に活動が成立しているわけです。

このように、少年時代から効果、効能だけに着目して、スポーツの勝敗、優劣の最大公約数ばかり求めていく姿勢を持つならば、人と人とのつながりの中で豊かな感性を培うこと、言い換えればソーシャル・キャピタルを積み上げていくことは難しいでしょう。そんな親子の前には常に選りすぐられた子と熱心な親、つまり一定の同質な性質を持った親子しか登場せず、技術、体格などの違いがある子どもや、多様な価値観を持つ大人たちに接触する機会が少なくなります。プレーが終われば、さっさとそれぞれの居住地に帰っていくという付き合いからは、心を通わせる人間関係は生まれません。

まるで競走馬のように、一心不乱に効率の良い勝利ばかりを考えて行動する。そんな偏狭な環境で集う、表面的な付き合いしかない子どもたちに、血の通ったモラル教育をすることはなかなか難しいでしょう。そればかりか、小1プロブレムとして問題視されている現象が、成長とともに別の形で出てくるのではないでしょうか。日曜日に大事な野球の大会があるのでと、土曜日の学校の運動会を休む小学生がいる、という手紙をある先生から受け取ったことがあります。身近な仲間、自分が置かれた立場、そんなことを考えるよりもスポーツの勝利を考えるという姿勢です。その子は高学年ですから、授業中は座って話が聞けるのでしょうが、集団の中の自分を考えること、あるいは自分の置かれた立場を認識することができないという意味では、小1プロブレムと同根の問題を抱えていると思うのです。

情報化社会の今、インターネットを使えば、どのチームがどれくらい勝っていて、どのような活動をしているか、簡単に調べることができます。熱心な親ほど、自分の子のために最適なチームを探し出すことに努力します。確かに、スポーツ技能の向上という部分に絞って考え、それをできるだけ効率良く獲得したいというならば、指導者のレベル、施設の充実度などの面から、地域にこだわりを持つことが必ずしも最適ではないという場合もあるでしょう。しかしその一方で、子どもと地域との結びつきが単なる物理的な位置関係だけになりつつある今、スポーツへの参加までもがその関係の希薄化を推進するものになってしまうことに対して、私たちは危機感を持つ必要もあると思います。

これまで少年スポーツを支えていた地域のお父さんコーチには、技術指導に関してはいまひとつかもしれないが、人としての生き方に関しては一家言ある、という人が大勢いました。プレーの上手い下手はともかく、挨拶を忘れたり、半道徳的なことをしでかすと、とたんに雷が落ちる、というケースは、そこかしこにあった記憶があります。こうした人々もソーシャル・キャピタルを形成していたのです。

しかし今では、そんな素人に習うよりも、競技の知識に長けた若いコーチのいるクラブに電車、バスを乗り継いでも通う、という子が増えているわけです。その結果、確かに技術力は伸びるわけです。しかし、その一方で「お客さん」と化した子どもたちに技術のみを切り売りするコーチからは、人間的な影響は受けにくく、また、同質化、均一化され、表面的な付き合いしかない子どもたちは、人間の多様性を感じることなく育つ、という懸念もあります。子どもたちはある意味、スポーツを入り口にした、非常に特殊化された世界で人とのふれあいを続けることになるわけです。これでは、モラルの会得どころか、人として非常にいびつな成長をすることになると思うのです。

自分の通う学校で、クラスメイトとプレーする。グラウンドの管理や指導は近所の顔見知りのおじさん、おばさんが手伝ってくれる。練習の後にジュースやアイスを買いに立ち寄るお店の店員さんも、幼稚園の頃からの顔なじみ。合宿や遠征の時には地元商店街の有志から差し入れがある。夏休みには卒業生のお兄さんたちが後輩の指導を手伝ってくれる。グラウンドの端では、小学校に入ったら入部すると決めている弟たちが、兄のまねごとをして遊んでいる。こんな少年スポーツチームは、もはや映画の世界にしか登場しないのかもしれません。しかし、そのような環境で育まれたソーシャル・キャピタルの豊かさというものを、私たちは思い出さねばならないと思うのです。

2――コミュニケーション力の低下とスポーツ

親子のコミュニケーションの現実とスポーツ

「親の顔が見たい」とは、親子関係を示す表現として古来、語られている言葉です。良しにつけ悪しきにつけ、子どもの行いとは親の教育成果の表れである、ということを示しています。子どもたちが何を考え、感じ、どのように振る舞うかについて、最も大きな影響を与えるのは、最も身近な大人である親です。教育、しつけ、として面と向かって言い聞かせる内容はもちろんですが、そればかりでなく、日頃、親が何気なくとっている行動、何気なく語っている言葉の中にも、その親の持つ価値観、哲学、倫理といったものが表れます。それを間近で見聞きしている子どもは、自然に親と同じ価値観、哲学、倫理で行動するようになるはずです。

内閣府「国民生活白書」（2007年）の中に、親子の対話についてまとめられた結果があります（図3―8）。図中に示された「重要度」とは、「親子の間に対話があり、互いに相手

図3-8　親子の対話の重要度と充足度

内閣府「平成19年版　国民生活白書」2007年

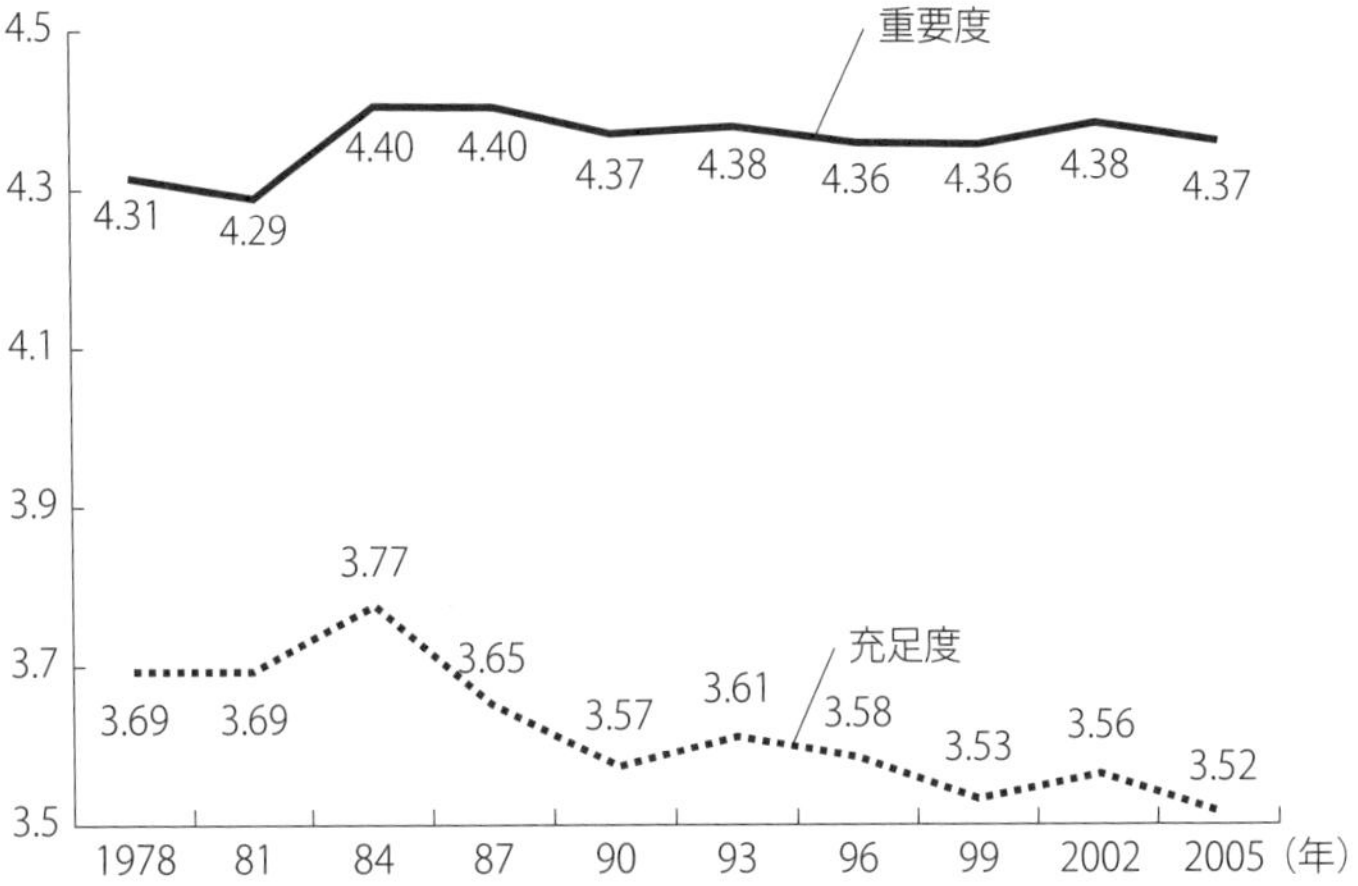

・内閣府「国民生活選好度調査」により作成

を信頼していることの重要度」を示し、５段階評価で回答してもらった結果です。１９７０年代後半から２００５年まで、継続してその重要度が高く評価されていることがわかります。一方、「充足度」と示されているのは、実際に親子の対話が十分に行われているかどうかについて答えてもらった結果で、同じく5段階評価です。こちらは常時3ポイント台で、近年になるほど低下していることがわかります。親子で対話し、信頼し合うことは大切であると認識しながら、現実には十分に対話できていないという家庭の姿が浮き彫りになっています。

親子の対話に関しては、「第1回子ども生活実態基本調査報告書」(Benesse教育研究開発センター、２００５年)の中でも興味深い調査結果が示されています。まず、小学生から高校生まで、親との会話が多い子どもほど、平日の学習時間が長い傾向にありました（図3—9）。また、小学校4年生から6年生の子どもに限ってみると、親との会話が多い子どもほど、「わからないことがあると『知りたい』と思う」など、知的好奇心が旺盛で、学習意欲も高い傾向がありました（図3—10）。

また、親子のコミュニケーションの豊かさは、子ども時代のみならず、成長した後にも好ましい影響を残すことが期待できるという調査結果もあります。図3—11は「若者の仕事生活実態調査」をもとに、「子ども時代の親とのコミュニケーション頻度と成人後の仕事に関する能力の関係」についてまとめられたものです。子ども時代に親と将来のことをたくさん話した経験のある人ほど、また、子ども時代に家事の手伝いをたくさん経験した人ほど、成長した後、自分の考えを人にわかりやすく説明でき、自分の感情を上手にコントロールでき、自分から率先して行動する人間になっている傾向があることがわかります。

会話するという行為は、まず、相手の発言を理解し、相手の立場を尊重することが基本になります。そして、自分が発言する際には、会話の内容に沿って趣旨をまとめ、相手に理解しやすい表現を選ぶことが必要になります。例えば「親と将来のことを話す」のであれば、なぜ、どうして、という部分を明確に示し、相手を納得させるだけの内容にまとめ上げなければなりません。家事の手伝いも、手順良く、効率良く目的を果たすためには、段取りを考

図 3-9　親子の会話と家庭での学習時間

Benesse 教育研究開発センター「第 1 回子ども生活実態基本調査報告書」2005 年

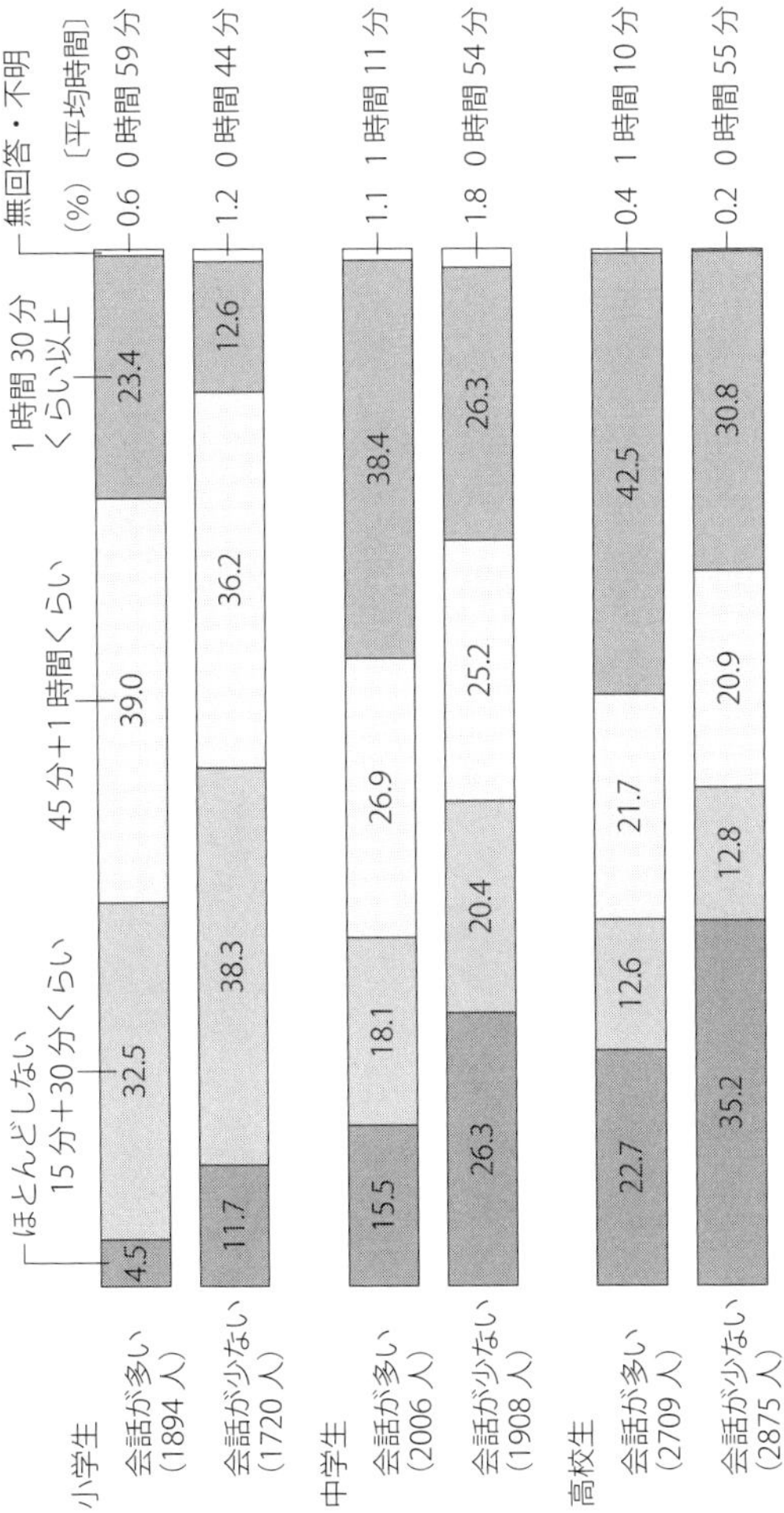

図 3–10　親子の会話と知的意欲

内閣府「平成 19 年版　国民生活白書」2007 年

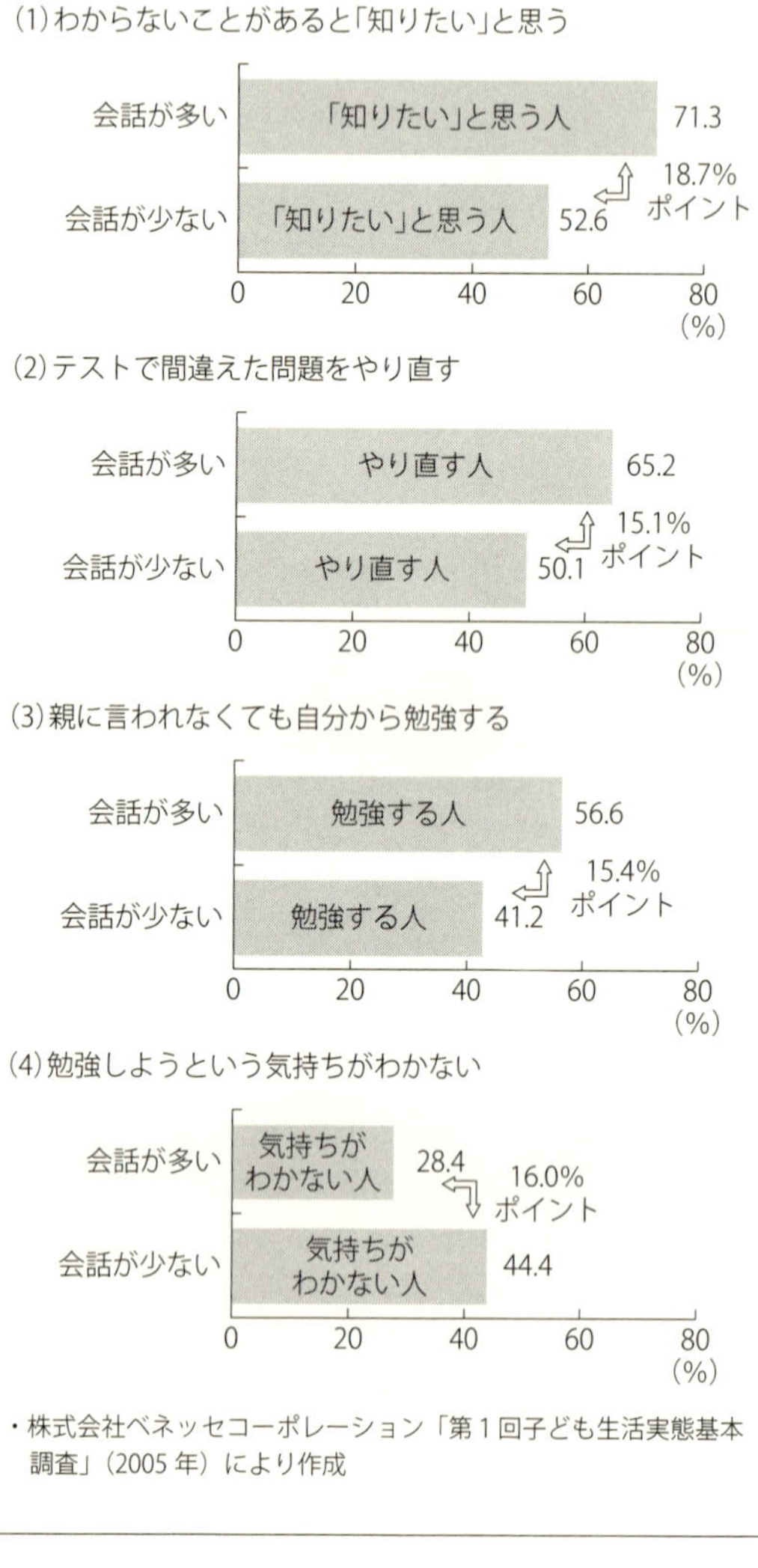

・株式会社ベネッセコーポレーション「第 1 回子ども生活実態基本調査」(2005 年) により作成

図 3-11　親子のコミュニケーションと成長後の行動

内閣府「平成 19 年版　国民生活白書」2007 年

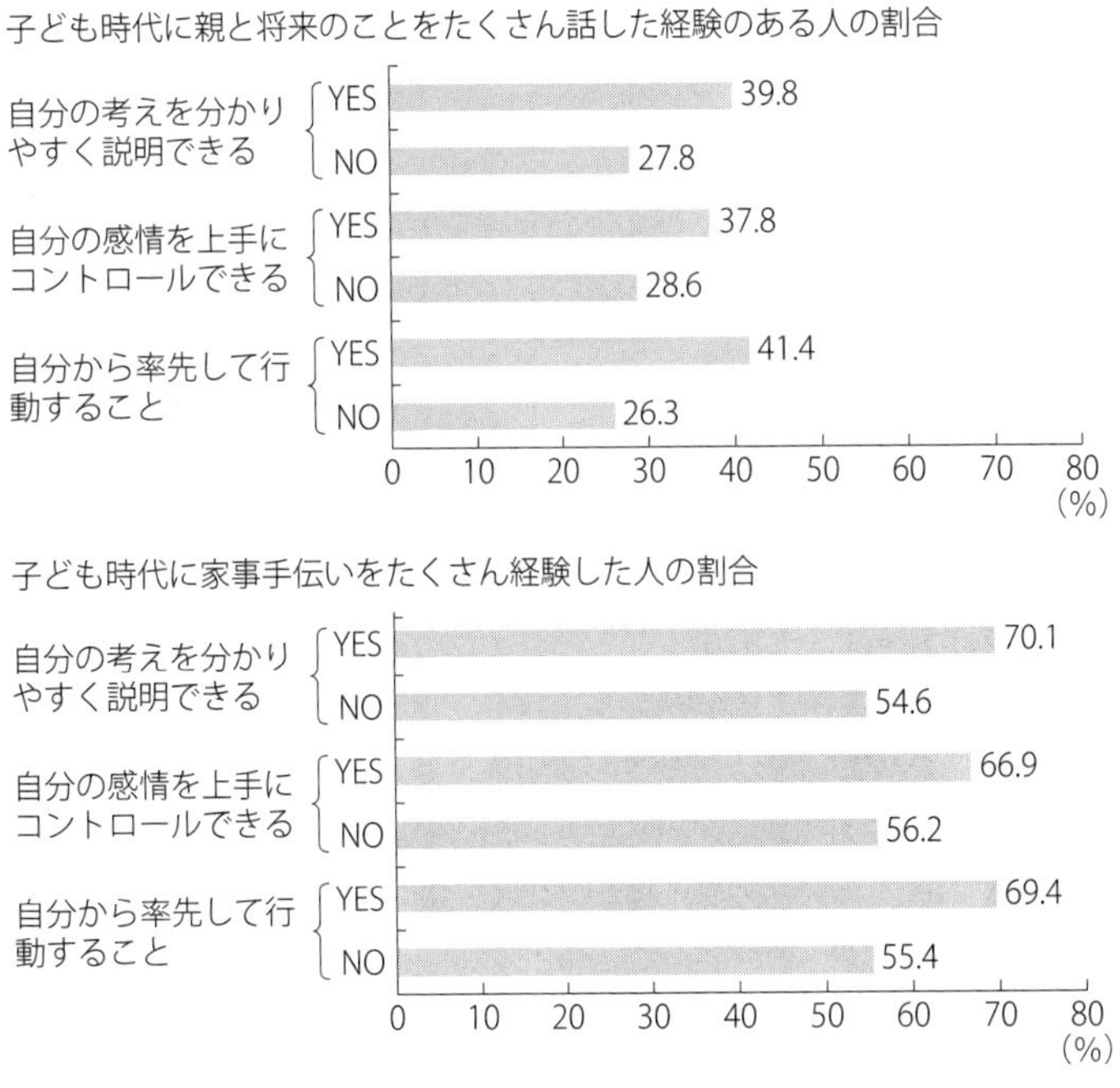

・株式会社ベネッセコーポレーション「若者の仕事生活実態調査」(2006 年) により作成

図 3-12　家族の起床在宅率の変動

内閣府「平成 19 年版　国民生活白書」2007 年

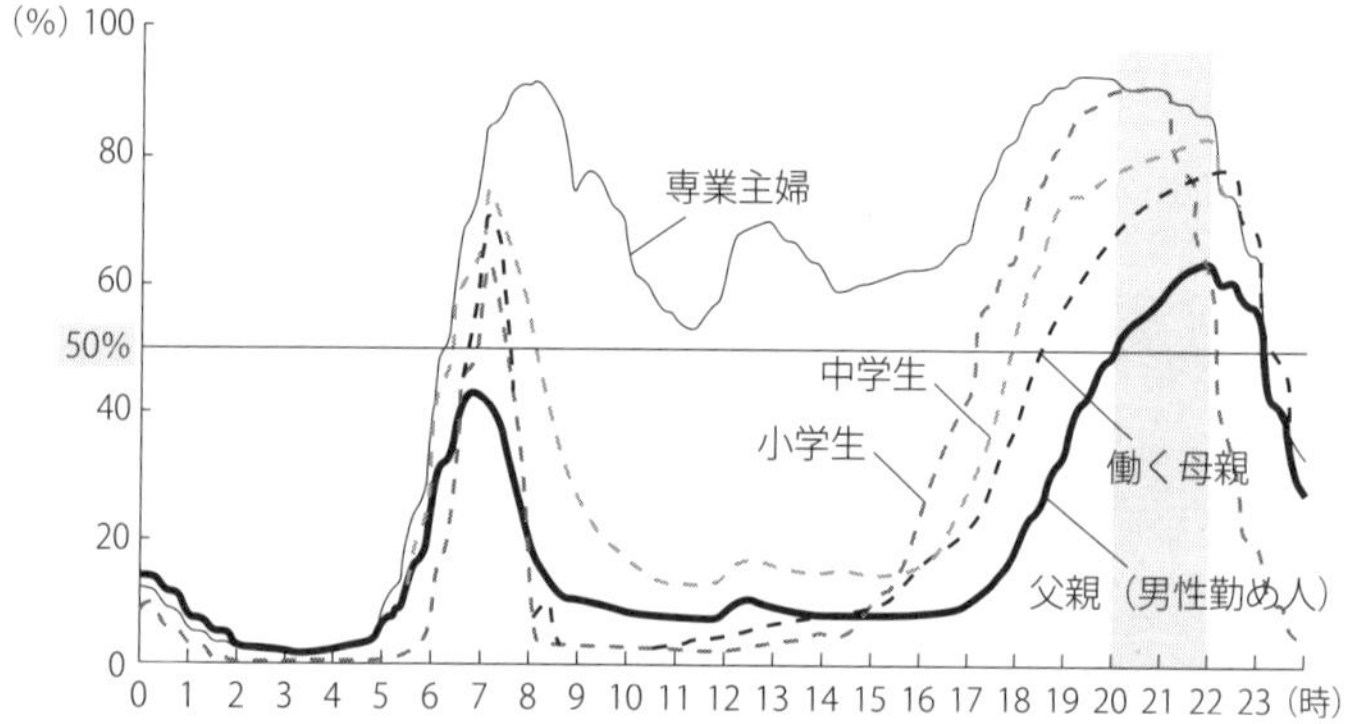

・NHK 放送文化研究所「国民生活調査調査」（2005 年）により作成

え、合理的な行動をとらねばなりません。いずれも、第1章で再三繰り返した、前頭連合野を刺激する知的な行為です。そう考えると、会話や手伝いの多い子が、よく勉強し、長じて説明力、自己コントロール、行動力に優れた人間になるであろうことも理解できます。

子どもの成長に対する親子の会話、コミュニケーションの影響力は甚大です。しかし、現実には会話の充実度は満ち足りていないという結果が示されています。また、子どものいる家庭の生活時間の現実を見ると（図3―12）、家族全員が顔を合わせる可能性（起床在宅率）が50％を超える時間が、午後8時から9時台の約2時間という調査結果も示されています。十分な会話を交わそうにも、それぞれの生活時間が異なり、接触の時間そのものが足りていないという現実があるわけです。

こうした現実を背負ってスポーツクラブに通ってくる子どもたちに、スポーツ活動は何を与えることができるでしょう。まずは、スポーツを通じてコミュニケーション能力が醸成されることが期待されます。しかし、子どもたちはスポーツが好きで、上手くなりたくて来ているわけですから、本来のトレーニングをそっちのけにして会話時間を長く取り、コミュニケーションの向上ばかりに時間を割いては本末転倒です。しかし、わざわざ会話のための時間を長く取らなくても、スポーツのトレーニングの中で、会話の力を養成することは可能です。

それは、自分のプレーの中で、次にどうしようと思うのか、なぜそうしたのか、という部分について、常に考え、端的に主張できる環境を与えることで養われます。古来、日本のスポーツ界では、スポーツマンが自分の意思を語ること、特に指導者に対してモノを言うことは、タブーとされている部分がありました。選手が監督・コーチにモノ申すなど10年早い、黙って言われたとおりに動いていればいい、という考えです。あのイチロー選手でさえ、オリックス時代、コーチの言うことを素直に聞かないということで二軍に降格されられたといいますから、その悪しき文化は根強いようです。

しかし、そうした考え自体が本来ナンセンス極まりないことですし、特に少年を育成する立場である監督・コーチならば、子どもたちが自分の頭で考え、それを主張する力を育てる義務があります。ましてや、ここで示してきたように、親子の会話の重要性が認識されながらも、それが不十分である実態があるのなら、なおさら、スポーツをする時間の中で、それらを少しでも補い、育てようとする姿勢を持たねばならないでしょう。

何も膝つき合わせて長時間話すことばかりが、会話の力を伸ばすわけではないはずです。短時間であっても、なぜ、どうして、ということを整理して端的に発言できることが重要なのです。日頃から、なぜ、どうして、を常に考えながら行動することで、発言自体も理路整然としたものになっていくでしょう。それは、たとえ時間的に短くても、内容の濃い会話、コミュニケーションになるはずです。自分が考え、整理し、主張することは同時に、同じ経過を辿って主張するチームメイトを理解し、互いの主張を折り合わせ、まとめていく力も養うはずです。「言う」力は「聞く」力も育てるのです。こうして、スポーツを通じて、話す、聞く、ことを常とした活動をしていれば、コミュニケーション不足をいくらかでも補てんできるのではないかと思うのです。

忘れてはならないことは、子どもの発言が大人から見て、筋違いであったり、間違いであったりした場合でも、それを頭から否定せず、まず正々堂々と発言したことを評価することです。なぜそう思うのかということを、理由をまとめながら考え、発言すること、自分の意思を表現する意欲を保つこと、それが大切なのだということを常に徹底させてほしいのです。これは、人としてのコミュニケーション能力を高めるばかりでなく、スポーツのプレーを知的に高めていくことにもつながるはずです。

親友の少ない子どもたちとスポーツ

コミュニケーションの希薄化が進んでいるのは親子ばかりではありません。図3―13は内閣府が行った「国民生活選好度調査」（2007年）の中で、地域の人間関係について調べた結果です。「あいさつ程度」に付き合いがある人はそれなりにいるものの、「生活面で協力しあっている人」となると、「あてはまる人がいない」と答えた人が65・4％、「1〜5人」と答えた人が31・7％となっています。地域の人付き合いも、ごく限られたものになっているわけです。

その傾向は、子どもにも及んでいます。「第1回子ども生活実態基本調査報告書」（Benesse教育開発センター、2005年）によれば、小学生の子どもたちが「よく話したり遊んだりする友だちの数」は4〜6人が最も多く、続いて7〜10人となっています（図3―14）。一見、意

図 3-13　近所づきあいの深さ

内閣府「国民生活選好度調査」2007 年

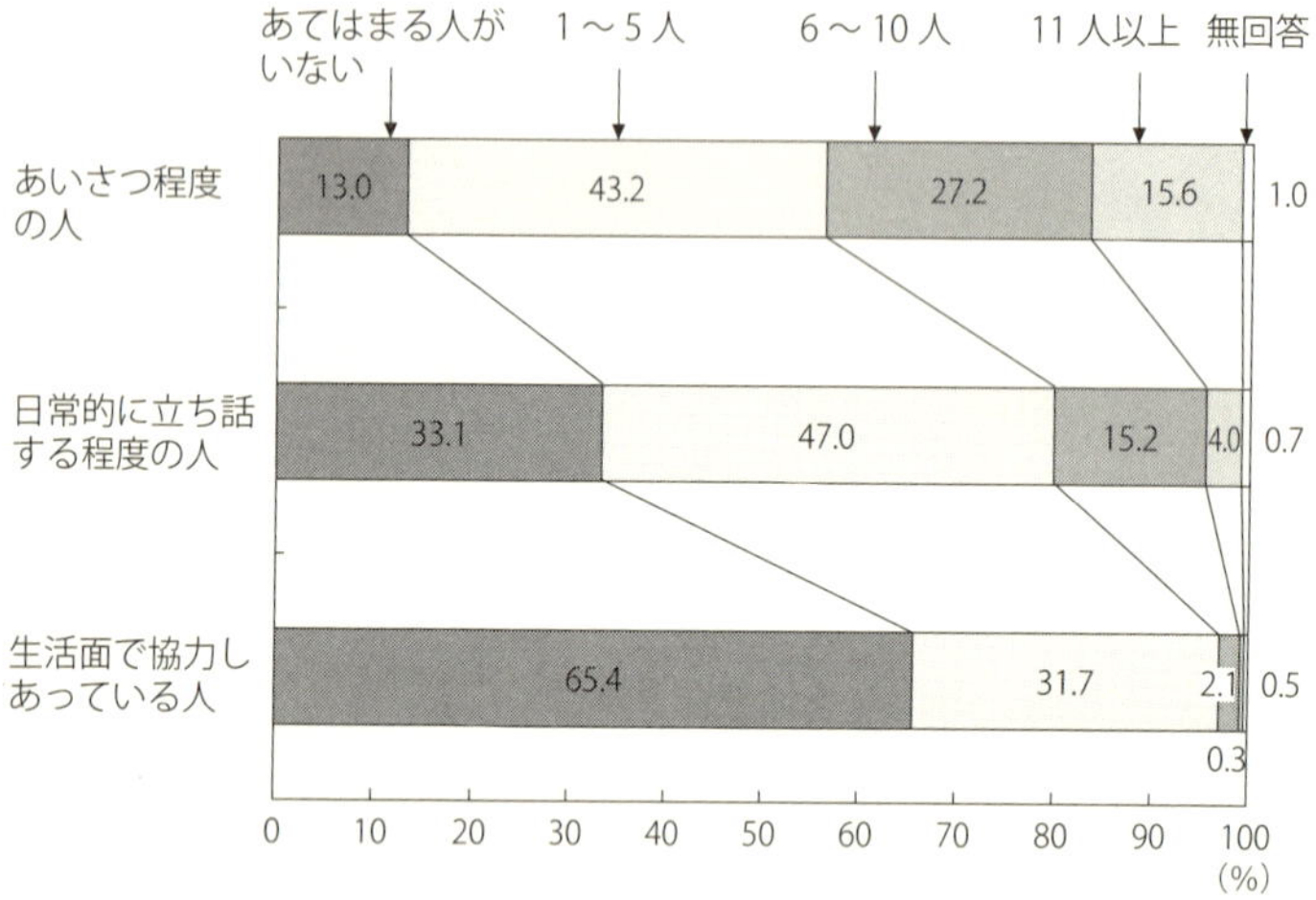

外に豊かな友人関係が築かれているように見えますが、注意が必要です。「悩み事を相談できる友だちの数」を見ると、2〜3人と答えている子が最も多いのです。つまり、よく話したり遊んだりしている友だちは、必ずしも皆が悩みを相談できるような友だちではなく、信頼して心を打ち明けるような友だちは数が限られるということです。

信頼して心を打ち明けられる友だち付き合いをするということは、相手の立場を理解し、思いやり、立場を変えて考えることの訓練をしてくれます。自分のことだけを考えるのではなく、他人の心の痛みを理解する力を醸成するという意味で、子どもを成長させてくれます。本音で付き合う関係

図 3-14　友だちのかかわり方

Benesse 教育開発センター「第 1 回子ども生活実態基本調査報告書」2005 年

〈悩みごとを相談できる友だちの数〉

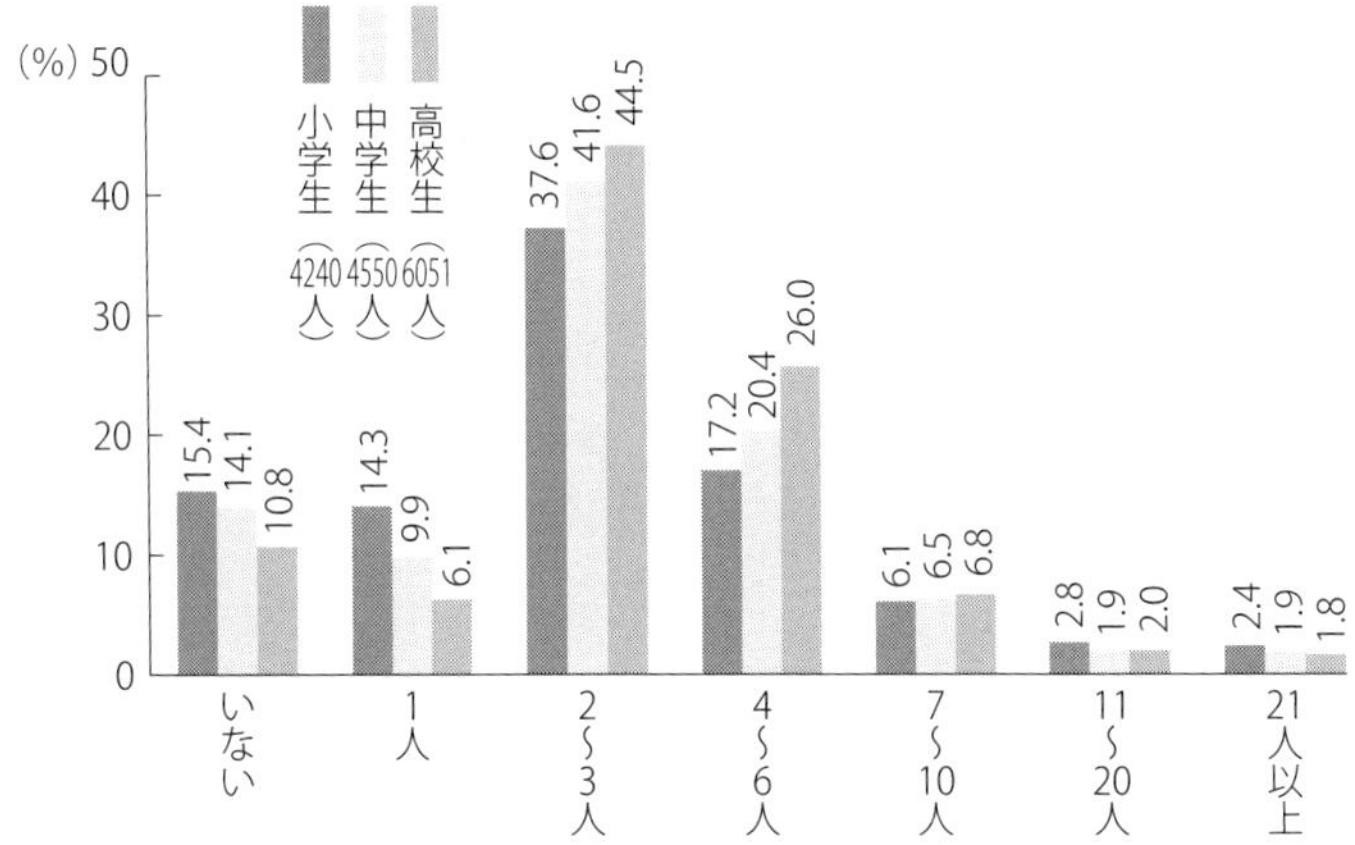

〈よく話をしたり遊んだりする友だちの数〉

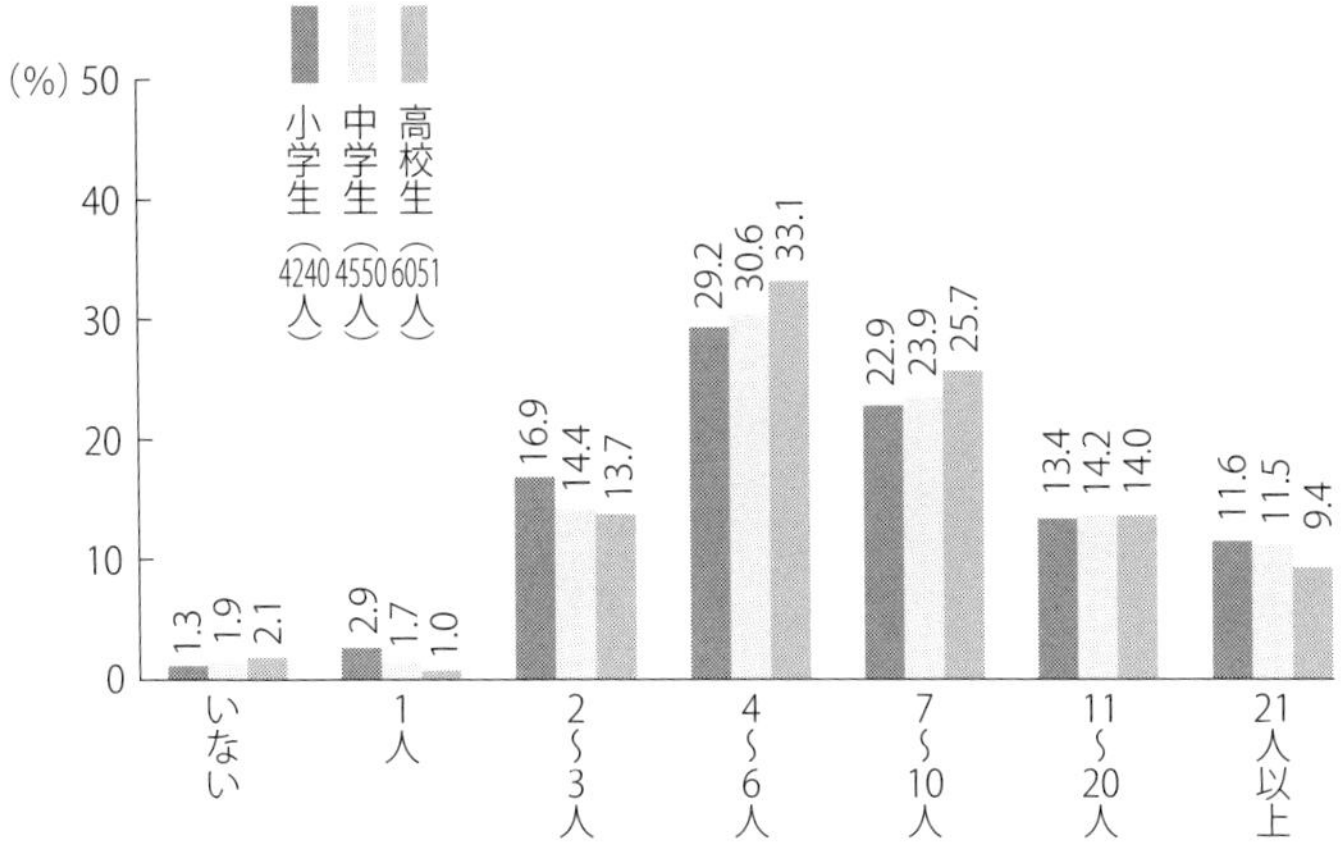

では、主張がぶつかり合い、感情の爆発もある一方で、譲歩、許容の心理も育ちます。一筋縄ではいかない人間の心理を実感しつつ、それに折り合いをつけながら生きていく力を学ぶためには、深く心を通わせる友だち付き合いが必要なのです。しかし、現在の子どもたちには、そういう機会を得ることが少ないのです。

こうした状況下、子どもたちは表層的な友だち付き合いの中で、仲間たちと、その場でトラブルなく無難に時間を過ごすことばかりを考えがちです。自分がどう考えるか、どうしたいか、ということよりも、「他の皆がどうするか」ということばかりを気にするわけです。そして、何かを決定したり、決断したりする時に、その過程で自分の意見や行動が大きな意味を持つことを極端に避けたがります。失敗した時に「お前が言ったからだ」「お前がやったからだ」と責任を押しつけられることをひどく心配するわけです。

飛躍するようですが、この現象は日本のサッカー界に悪しき傾向として現れていると私は考えています。サッカーファンはもちろん、サッカーに興味がない人でも、日本のサッカー選手が高校生からプロ選手まで、チャンスの場面でなかなか思い切りよくシュートしないことに苛立つことは多いのではないでしょうか。シュートのお膳立てをするパスまでは一生懸命にプレーして、確かに良いパスは出します。しかし、シュートというサッカーのプレーの最もハイライトになる場面で、自分がその当事者になることは避けるのです。得点するか失敗するか、どちらに転ぶかわからないシュートというビッグプレーの決断は、人任せにしてしまうのです。この点に関しては、第5章で再び詳しく触れます。

ともあれ、今の子どもたちは深い人間関係を避けるあまり、本音でぶつかり合うことに慣れていません。スポーツでも、本心ではシュートを狙うような大胆なプレーをしたいのですが、それを失敗することでチームの流れを妨げることを恐れます。そのため、差し障りのない無難なプレーでお茶を濁そうとします。しかし、そのような姿勢でスポーツに取り組むのであれば、互いにリスクを抱えながら勝負を競うというスポーツ本来の姿が歪められてしまいます。リスクが怖いから、決断しにくいから、失敗したくないから、ということでチャレンジを避けるというのであれば、最初からスポーツなどしなければいいのです。日本サッカーの悪しき傾向に象徴されるような、責任回避的なプレーの蔓延を、スポーツの中で推進してはいけないのです。

子どもたちがスポーツに親しむ場面ではむしろ、リスクを恐れ、決断を回避するような行動を戒め、自分のアイディア、自分のイメージを積極的に出し、それを駆使することを奨励しなければならないでしょう。周囲にどう思われるかということに気を配り、失敗したときの心配をしながら、無難なプレーばかりを選択していくようでは、いつまでたってもスポーツに親しんだことによる成長は得られません。決断力の弱い、風見鶏のような子どもを量産していくだけです。

子どもが迷い、悩んで決断したことが仮にネガティブな結果になった時、叱責されるような環境であれば、次から子どもは思い切ってチャレンジしようとは思いません。シュートをしないサッカー選手のように、責任逃れをするプレーを選ぶでしょう。ですから、子どもが自分のアイディア、イメージを積極的にプレーで表現し、リスクを承知で決断し、実行していくためには、そうした行動を受け入れ、認める環境が用意されていなくてはなりません。

まず、プレーを通じて自分の考えたこと、判断したことを躊躇せずに表現すること、そして、誰もがそのように表現することが許されること、そうした環境で、子どもたちがプレーを通じて本音をぶつけ合うことが大切だと思います。そこでは当然、プレーに関する主張の行き違いが出ることでしょう。日常生活の「けんか」に似た状況です。そのぶつかり合いをどのように収束するかはケース・バイ・ケースになるでしょうが、大切なことは、どのように収束するにしても、互いの立場を理解し、尊重するということです。チームの勝利のため、という合意事項があれば、さほど困難なことではないと思います。

重視しなければならないことは、意見の行き違いがどのように収束したかという結果ではなく、まず互いがきちんと主張したということ、そして、その結果、相手の立場を受け入れながら、次の展開を発展的に考えたということです。こうしたやりとりは、今の子どもの希薄な人間関係の中ではなかなか望めないのではないでしょうか。スポーツのプレーを通じて独自の観点を広げ、主張し合うことが、本音でぶつかり合うコミュニケーションの訓練になればよいと思っています。

受動性を高める子どもたちとスポーツ

私自身の小学生時代の記憶を辿れば、学校で毎日5時間も6時間も机に座って勉強すること自体がひどく苦痛でした。ですから､何の束縛もなく自由に遊べる放課後は天国のようで、放課後だけを楽しみに授業に耐えていたような毎日でした。なぜ私が授業を苦痛に思ったかを今、知識を得て思えば、それは、私にとってそのほとんどが、情報を受け取るだけの受動的な作業だったからだと思っています。もちろん、当時の先生の中にもいろいろと工夫をされて、私たちが自発的に学習を進めるよう努力されたこともあったと思います。しかし、学校での勉強はあくまでも基本は受け身です。

しかし、放課後になれば、私たちは拘束を解かれ、何をどのようにするかは、自分と仲間の自主的な意思にまかされていました。もちろん、そこでは勝手気ままな主張のぶつかり合いがあり、仲違い、けんかがない日は、ほとんどなかったと記憶します。しかし、そのように、常にすべてが自分の思い通りにならないことばかりの毎日であっても、少なくとも自分が自分の考えを主張し、相手も同様に主張し、不満ながらも納得するところに落とし込みながら仲間と時間を共有していくという行動を繰り返すことは、ただ先生の話をじっと黙って聞いている時間よりは、何倍も楽しいものだったのです。それは同時に、仲間と協調して活動するための非常に有意義な自発的コミュニケーションの機会でもありました。

私たちの世代は、このようにして、受動的であることを強いられることの多い学校生活では培われにくいコミュニケーション能力、すなわち、問題の発見から解決までがすべて自分自身とその仲間に委ねられたコミュニケーションを推進する能力を伸ばしていました。では現在の子どもたちには、そのような環境はあるのでしょうか。毎日5〜6時間の授業があることは私たちの子ども時代と変わりませんが、放課後は随分、違っています。学年で差はあるものの、小学生の約半数の子どもが学習系、スポーツ系の習い事をし、約四分の一の子どもが芸術系の習い事をしています（図3―15）。多くの子どもたちが、放課後も何かを習いに行っているのです。

これらの習い事のそれぞれが、具体的にどのようなプログラムを展開しているかを知ることはできません。中には子どもの自発性を刺激するような工夫をしているところもあることでしょう。しかし、それらが基本的に営利活動であることを考えれば、やはり決められた期

図 3-15　現在している習い事

Benesse 教育開発センター「第 3 回子育て生活基本調査」2007 年

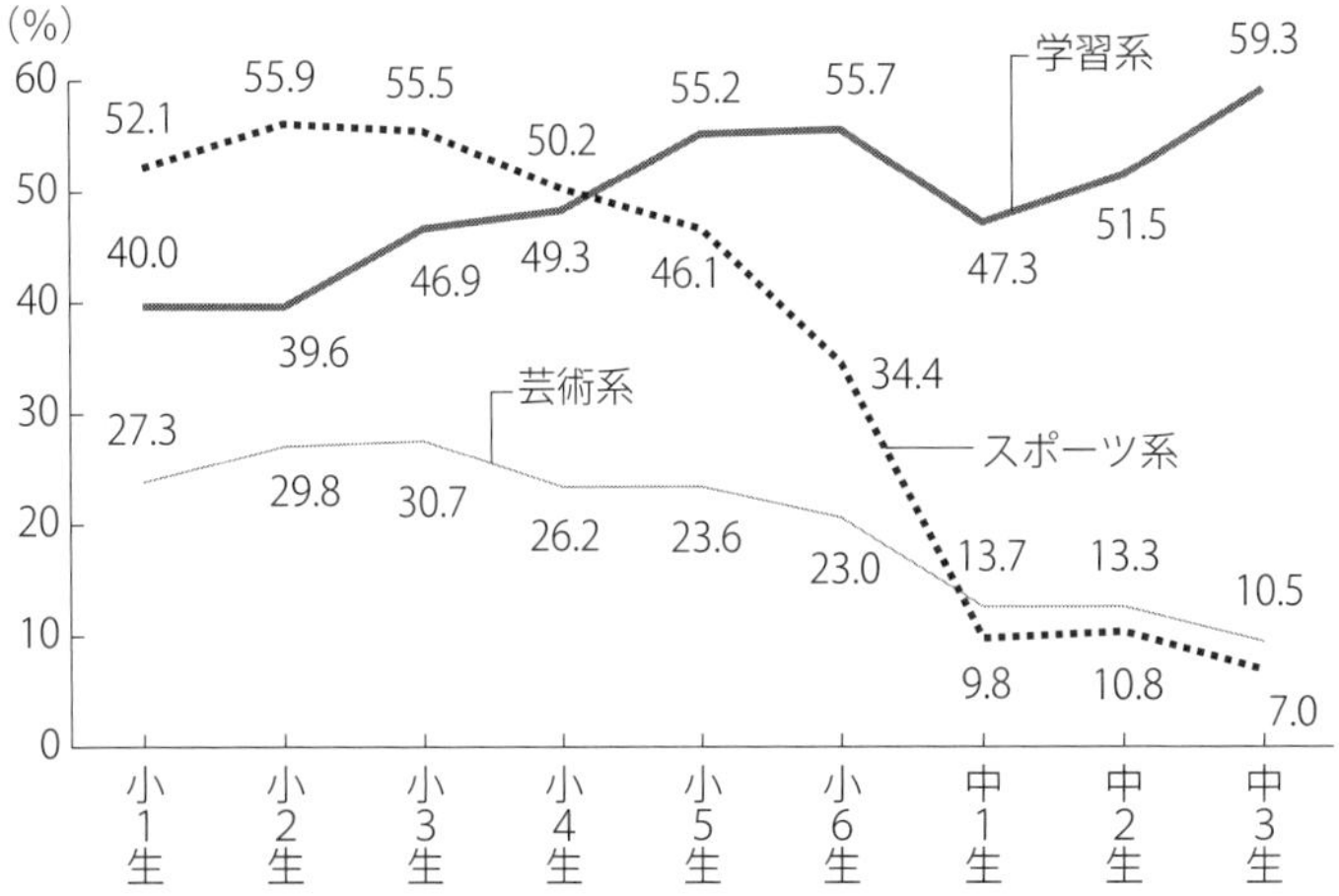

間で目に見える効果を示すことが、出資者である親に費用対効果の効率をアピールすることになることは確かです。そのため、プログラムの進行が子どもの自発的な成長を「待つ」ことよりも、否応なしに「教え込む」ことにシフトしてしまうことは必然でしょう。その結果、学校で5時間、6時間と受動的な時間を過ごした子どもたちは、私の子ども時代のように放課後に自由、自発のエネルギーを爆発させることなく、帰宅した後も再びスポーツや学習、芸術のカテゴリーで「習う人」となり、多くの受動的な時間を過ごすことになるのです。

こんな生活を毎日、続けていたらどうなるでしょう。もちろん、子どもたちの知識、技能は豊富になることは確かです。しかし、その過程で、自分が進んで何かを発見する意欲、自ら工夫して解決しようとする意欲、自発的に物事に関わり新しい局面を切り開いていこうとする意欲が、日に日に低下していくのではないかと懸念しています。自分の周囲の未知のことはすべて人から「教えてもらうべきこと」であると認識してしまう、「教わり上手」の子どもを増やしているのではないかと懸念するのです。

そうした傾向がある子どもたちは、一見、大人の話をよく聞く、聞き分けの良い、扱いやすい子どものように思えます。しかし、そのように受け身で行儀良く何かを「習う」ことが日常となり、自発的に試行錯誤しながら活動する時間が減少していることは、独自の視点で何かを発見したり開発したりする、オリジナルな創意の力が育つ芽を摘んでいるように思えてなりません。それは同時に、集団の中で自他の主張を斟酌しつつ解決を探るという、自発的な協調作業を進める意欲を減退させているとも思えるのです。こうして子どもたちがより受動的に「習う」姿勢を強め、忠実に大人の指示どおりの動きをし、自らの感性に基づく思考、自主的なコミュニケーション能力を鈍化させていくことは、スポーツを単純な筋肉収縮の連続活動に貶めてしまうことにつながるのではないか、という懸念があります。

スポーツとは、本来、独創的な活動です。どんな種目のどのようなプレー場面であっても、その場面をどう解釈し、そこで何を考え、自分の体をどのように動かすかは、すべてそのプレーを実行する本人に委ねられます。プレーの瞬間については、スポーツする誰もが自分を自分でコントロールするのです。そして、そこで自分が抱いたプレーのイメージと実際の行動が一致するか否か、つまり自分で納得のいくプレーができるかどうかを、自分の物差しに合わせながら追求していくことが、スポーツの醍醐味の一つだと思います。裏返せば、他人に指示されたとおりに動き、そこに自分自身の思考、判断が加わらない活動は、スポーツとはいえません。それは、サーカスで動物たちが受ける調教と似た行為と言えます。

受動的に「習う」時間が増え、能動的なコミュニケーション能力が低下していることが懸念される今の子どもたちこそ、スポーツに親しむことで自主、自立の精神を取り戻す必要があります。「習い事」をする子の中にスポーツ系の習い事をする子が50％近くいたことは注目に値します。そのスポーツ系の習い事の活動内容が、ここで私が言うように、子どもの主体性を重視し、自主、自立の精神を醸成する内容であれば、「習い上手」の受動的な子どもは減っていく期待が持てます。しかし、そのスポーツ系の習い事の中で、子どもが自ら感じたこと、思ったことを自発的に発言したりプレーで表現したりすることを重視しないのであれば、子どもたちの受動性はますます推進されてしまうでしょう。

3——迷える親たちと少年スポーツ

子育て自信喪失の親とスポーツ哲学

私は地域に根ざしたサッカークラブの代表者として、毎年のようにいろいろな問題に直面し、親御さんの相談を受けます。例えば、子どもがサッカーを辞めたいと言っている、別の強いクラブに移りたいと言いだした、ジュニアユース（中学生の部）に入りたいのだが別のチームへ行こうか迷っている、などなど。個々の例を挙げればきりがないのですが、要はいくつかの選択肢がある中、どれを選択するか決断に迷っていて親子では決め切れないので相談に来た、というパターンに集約されます。そのような場合、一通り話を聞いた後で私は必ずこう聞き返します「それで、お父さん（あるいはお母さん）ご自身は、そのことに関してどのようにお考えなのですか」。その問いに対する答えは、ほぼ決まっています。「私自身は子どもに任せているんですけどね。この子次第なんですよ」。

何か問題があるたびに、私は、この「子どもに任せている、子ども次第です」という言葉をいやというほど聞かされるのです。もちろん、迷って決め切れない部分があるからこそ相談に来るのでしょう。また、サッカーの専門的な部分について、素人の親だけでは判断しかねる部分もあるのでしょう。それは理解できます。それにしても、自分の子どもが何かの岐路に立っている時に、親として自分の考えをまとめ、自分の価値観を示し、それを自分の言葉として述べることを放棄するかのような姿を示す親御さんに、私は失望することが多いのです。

考え方の方向性を示すことなく、ただ「自分で考えろ」「お前次第だ」などと委ねられても、小中学生の判断力が及ぶ範囲など限られています。もちろん、子どもの意思は尊重すべきですが、そこにプラスアルファとして、人生経験を積んだ大人としての大所高所からのアドバイスを入れるのが親の役目でもあるはずです。サッカーの専門部分はわからないにしても、事に当たってどのように考え、何が大事なのかを見極めるという、普遍的な真理を説くことはできるはずです。また。そのような過程を通じて、子どもは親から、人としての考え方、身の振り方を学ぶのではないかと思うのです。しかし、それを放棄して「この子次第」と物わかりの良い親のようなつもりになって突き放すのは、親御さん自身の中に確固たる価値観が構築されておらず、子どもにどのように接していいか迷っている現実があるのではないかと私は推察しています。

図 3-16　子育ての自信をなくす頻度

こども未来財団「平成 15 年度子育てに関する意識調査」2004 年

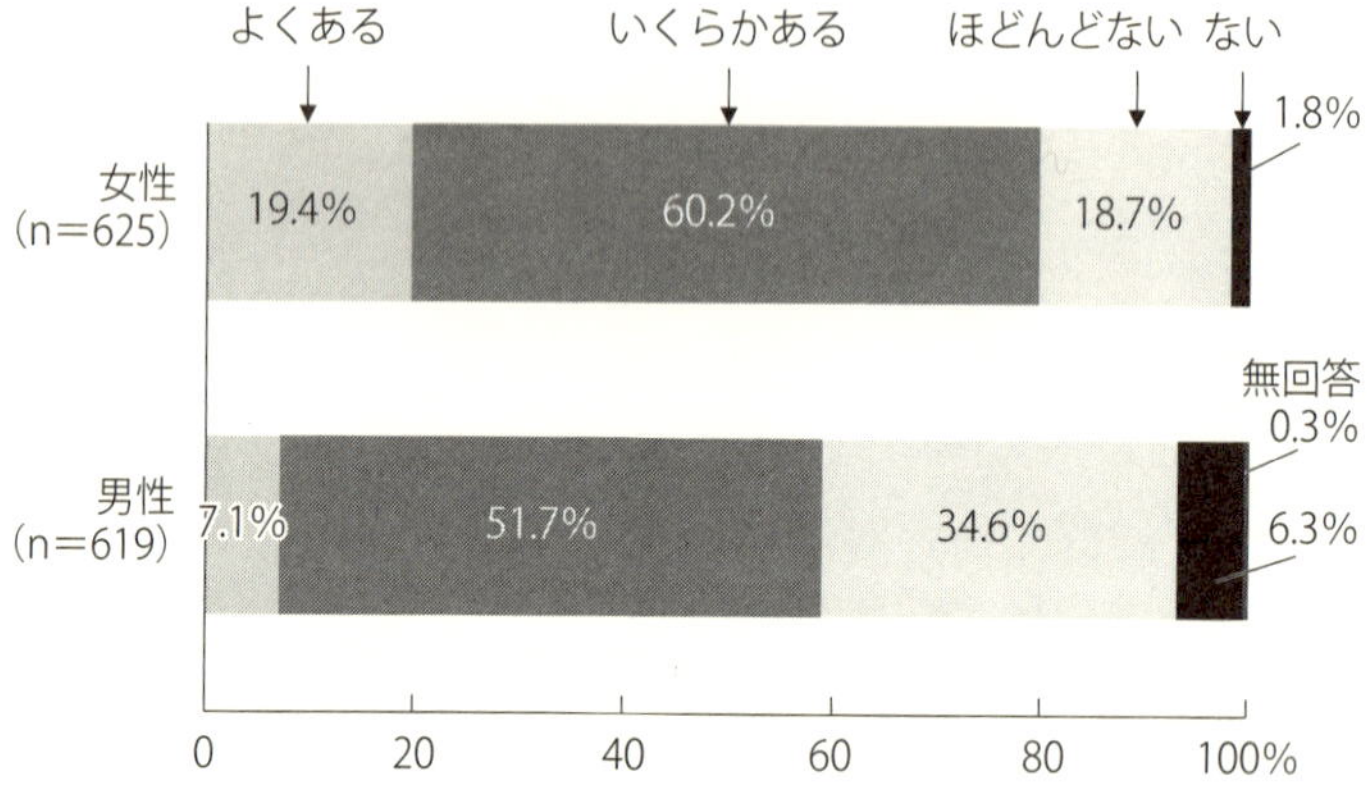

女性のグラフが 100.0%になっていないのは四捨五入のためである

図3―16は「子育てに関する意識調査」（2004年、こども未来財団）の中で示された親たちの子育てへの自信喪失の状況です。「子育てに自信をなくす」ことが「よくある」あるいは「いくらかある」と答えている人を合わせると、女性79・6％、男性58・8％にもなります。こうした数値に表れるように、自分の子どもをどのように育てていいか不安な親御さんは現実に多くいるようです。不安で自信がないから明確に方向性を示すことができず、「この子次第」と判断を子どもに丸投げしてしまうのでしょう。言い換えると、スポーツクラブに通ってくる子どもの多くは、自分の行動規範に関して、親から明確な価値観、倫理に応じた教育を十分に受けていない可能性

があるということです。

そんな子どもたちに対して、スポーツは何を用意できるでしょうか。私は、このような世相にあって最も大切なことは「なぜスポーツをするのか」ということを考える機会を、子どもたちに与えることだと思っています。この一見、難解とも思える哲学的な問いに対しては、さまざまな見解が用意されるでしょう。成人のスポーツマンでさえ、これに明確な答えを用意している人は少ないかもしれません。しかし、それほど大上段に振りかぶらなくても、スポーツに親しんでいれば、この問いと向き合わねばならない場面は日常的に現れます。

例えば、力量差が大きく負けることが明らかな試合に臨まねばならない時。子どもたちは「どうせ負ける」と思い、実際に試合の中で点差が開くごとに気持ちが萎えていくことでしょう。それはそれで子どものごく自然な心理です。しかしそこでコーチが、「負けるとわかっていたなら、はじめから負けと決めて、敢えて試合をしない方がいいだろうか」と問いかければ、多くの子どもは「違う」と答えるでしょう。「やってみなければわからない部分もある」「負けるとしても全力を尽くすことが大事」という程度の考えは、子どもにでも持てるはずです。このように、スポーツを通じて、目前に示された現実に対して本能的な感覚、感情などをコントロールしながら、心の揺れ、迷い、疑問などに整理をつけていくことが、なぜスポーツをするのか、という問いに答えを見いだしていく第一歩なのではないかと思います。

スポーツで勝敗を競っていく中では、相手の反則が見逃されることもあります、審判の誤審もあります、対戦相手に卑怯な手を使われることもあります。完膚なきまでに叩きのめされることもあれば、圧勝することもあります。こうした、いろいろな意味で心を動かされる場面に出会うごとに、子どもは子どもなりに、それを受け入れることの意味と理由を考えさせられるのです。そして、そうした事象に対する心の整理を通じて、なぜスポーツをするのか、ということを考えていくことができるようになると思うのです。

なぜスポーツをするのか、という哲学を子どもなりに解釈し、考えていくということは、スポーツを通じて自分の価値観、倫理観を育てることにつながると思います。言い換えれば、なぜスポーツをするのか、という問いを発することは、自分は人としてどういう考えを持ち、どのように振る舞うべきか、ということを確立していく作業につながると思います。親が子どもに対してどのような規範を示していいのか迷っているこの世相で、子どもにスポーツを通じてそのような思考回路を作る環境を与えていくことはとても大事なことではないでしょうか。

表 3-1　親が気がかりな子どもの日常

Benesse 教育開発センター「第 3 回子育て生活基本調査　速報版」2007 年

	小学校低学年（小 1〜小 2 生）		小学校中学年（小 3〜小 4 生）		小学校高学年（小 5〜小 6 生）	
1 位	犯罪や事故に巻き込まれること	18.9	犯罪や事故に巻き込まれること	15.3	犯罪や事故に巻き込まれること	13.6
2 位	友だちとのかかわり方	9.0	友だちとのかかわり方	7.8	受験準備	8.2
3 位	ほめ方・しかり方	7.6	子どもの性格、現在の態度や様子	7.8	友だちとのかかわり方	7.4
4 位	子どもの性格、現在の態度や様子	6.4	ほめ方・しかり方	5.0	子どもの進路	6.8
5 位	しつけの仕方	4.9	整理整頓・片づけ	4.7	子どもの性格、現在の態度や様子	5.7

親が気がかりなこととスポーツの精神

時として子育てに自信をなくすことがある親たちが、自分の子どもの日常に関して、気がかりになっていることは何か。表3—1はそれを学年別にまとめたものです。

調査で提示された「気がかり」の選択項目は38ありましたが、その中で「犯罪や事故に巻き込まれること」が小学校のすべての学年に共通して第1位に選択されたことは、現代の世相を浮き彫りにするものとして十分にうなずけます。その他の上位項目を見ると、低学年では「ほめ方・しかり方」が3番目に入り、高学年では「受験準備」が2番目に、「子どもの進路」が4番目に

図 3-17　気がかりなことの年次的変化

Benesse 教育開発センター「第 3 回子育て生活基本調査」2007 年

「子育ての悩み・気がかり」の結果から抜粋

入っています。これらは入学間もない低学年の親と、受験を控えた高学年の親の心理の特徴でしょう。そうした年齢特性の関係する項目と、犯罪や危険といった社会的な事項を除いて、普遍的な子どもの行動そのものに関係する事項に絞って見れば、「友だちとのかかわり方」「子どもの性格、現在の態度や様子」が、共通して上位を占めていることがわかります。そしてその2項目は、1998年から2007年までの間に、「気がかり」とする親の数がそれぞれ10ポイント近く増えています（図3—17）。

「友だちとのかかわり方」が気がかりであるということは、人間関係をうまく保てているかどうかの心配だと思います。また、「性格」について気がかりということは、対人関係の中で示される言動、行動の基盤となる気性、行動特性などについての心配、つまり、我が子がどのように振る舞っているかの心配でしょう。これは、「現在の態度や様子」で心配されることと、根本は同じだと思います。いずれにせよ、自分の子どもが友人関係の中でどのような姿を示しているのか、親は気になっているわけです。これは、自分の教育的影響力に関する不安の裏返しでもあると思います。友だちとの関わりについても、どのような立ち居振る舞いをすべきかについても、一通りは教えているつもりなのでしょう。しかし、実際にそれが本当に身について実践されているかどうか不安になる、そんな気持ちが正直なところなのではないでしょうか。

こうした親の不安を背景に、子どもはスポーツクラブに通ってくるわけです。では実際、スポーツはこうした不安に対して、どのように応えていくことができるのでしょうか。私は、これらの不安に対抗していく力を養うことのできる概念が、スポーツにはあると思っています。それは、チームワークとフェアプレーです。いずれも使い尽くされた観のあるおなじみの概念ではありますが、実際にはこれらを誠実に実践することはそう簡単ではありません。

チームワークについては、一般に「没我」というイメージが強くあります。もちろん、スポーツでは全体のために個を空しくする、という考えも必要です。しかし、それは個々が自分の頭で考え、自分の意見を主張し、自分の立場を鮮明にすることを完全に抑制するということではありません。日本のスポーツ界では古来、このような全体主義的な集団行動を指してチームワークと称することが多いようですが、それは少し筋違いであると私は考えます。チームワークとは、むしろ、個々がそれぞれに異なる考え、立場があることを前提としているものです。個々がきちんと主張し、その上で相手の主張を受け入れ、異なる個が異なる価値観で集まっているということを大前提として、そこから最大公約数になるものを探っていくことこそがチームワークなのです。

ですから、真のチームワークを築いていくためには、まず、チームを構成する一人ひとりが自分の意思を持ち、それを示すことが必要なのです。一人ひとりに違いがあることを認識することが前提なのです。その違いを認識した上で、最大公約数のために、それぞれが何かを抑制することを受け入れるのです。それは、最初から個を全否定し、問答無用、上意下達で全体のための忍耐を強制することとは違う意味を持っているはずです。

自分も主張し、チームメイトにも主張させる。折り合いがつかない部分に関しては、チームの目的のために互いが何らかの抑制をし合う。このように、一人ひとりの意思と我慢とのバランスが必要とされる自他共栄の精神がなければ成立しない概念がチームワークなのです。このチームワークの概念を推進できれば、子どもたちの「友だちとのかかわり」も十分に刺激され、鍛えられるのではないでしょうか。

フェアプレーも、一般にはルール遵守という部分だけが意識されがちです。しかし、フェアプレーの精神で最も重要なのは、ルールに規制されていない部分での行いです。言い換えると、ある局面に関して、ルールに規制されずとも、人として、いかに謙虚に、真摯に、高潔に振る舞うことができるか、そこに最も重要なポイントがあるのです。人間として成熟した精神を示すことができるか否かが問われるのがフェアプレーの精神なのです。

前々項でも触れましたが、フェアプレーは、それを実行しても、その場でなにがしかの実利を得る行為ではありません。フェアプレーで試合に臨んだチームが必ず勝利するわけではなく、むしろ、ルールの範囲内であざとく攻略をしかけたチームの方が勝利する可能性は高いかもしれません。ですから、フェアプレーの遂行によって得られるものは、あくまで自分の心の満足でしかないわけです。実利のないことに対して、心理的充足のみを糧に行動できる、これほど人の精神を磨くものはないでしょう。それはすなわち、人としての振る舞いを洗練させることでもあると思うのです。

英国のスポーツ研究者・ピーター・マッキントッシュは、その著『フェアプレイ・スポーツと教育における倫理学』（水野忠文訳、ベースボールマガジン社、１９８３年）の序文で「公正さは正義（justice）に関係し、正義は大小にかかわらず秩序あるいは社会にとってだけでなく、人類の存続に対して基本的である」と述べています。フェアプレーの根幹である公正さ（フェアネス）が、人類の存続にすら関わる重要な概念なのだというのです。

実利がないことに対して、ただ人としての「正義」を信じて行動する。それがフェアプレーの精神なのです。そう考えると、スポーツに親しむ中でこの高潔な精神を実践しようと努力することが、子どもたちの性格や態度を洗練させることに少なからず役に立つであろうことが期待できるでしょう。同時に、スポーツで培ったフェアプレーの精神を、日常生活にも応用させることで、スポーツを実践している子どもたちの立ち居振る舞いが、良きモデルとなることも期待できます。

ただし、それを実現させるためには、子どもの周囲の大人、すなわち、親や指導者が、自らフェアプレーを実行しなければなりません。人が見ていないから、注意されないから、つまりその場の実害がないからということで、身勝手に「公正」や「正義」をないがしろにするような行為をしていては、フェアプレーとは何か、ということを子どもたちに示すことはできません。そうした行為を見せつけられれば、子どもたちはむしろ、グラウンド内のフェアと実生活のフェアとは違うのだという、歪んだフェアプレー精神を身につけることになってしまうでしょう。そうなれば、最も親たちが気がかりとしている「性格、現在の態度や様子」は、さらに好ましくない方向に変化してしまうでしょう。

親の過干渉の影響とスポーツの効果

「第3回子育て生活基本調査」（Benesse教育開発センター、２００７年）では、家庭の教育方針について図3―18のような結果がまとめられています。この結果を詳しく見ていくと、「子どものしつけや教育については夫婦で考えている」という項目と、「勉強のことは口出しせず、子どもにまかせている」という項目以外のすべてが、年々ポイントを伸ばしていることがわかります。

ポイントが伸びている項目、すなわち「子どもがどういう友だちとつきあっているか知るようにしている」以下の6項目には、共通した特徴があります。それは、何らかの形で親が子どもの行動に関心を持ち、時には干渉する、という内容が含まれているということです。ですから、この6項目のポイントが伸びているということは、毎年、親が子に関心を持ち、干渉する割合が増えている傾向にあると考えていいでしょう。「勉強のことは口出しせず、子どもにまかせている」という項目も、視点を変えれば親の干渉の度合いについて問われた項目です。ですから、この項目のポイントが減っているということは、言い換えれば、親が勉強に口出しする回数が増えているということ、つまり干渉する機会が増えているというこ

図 3-18　家庭の教育方針

Benesse 教育開発センター「第 3 回子育て生活基本調査　速報版」2007 年

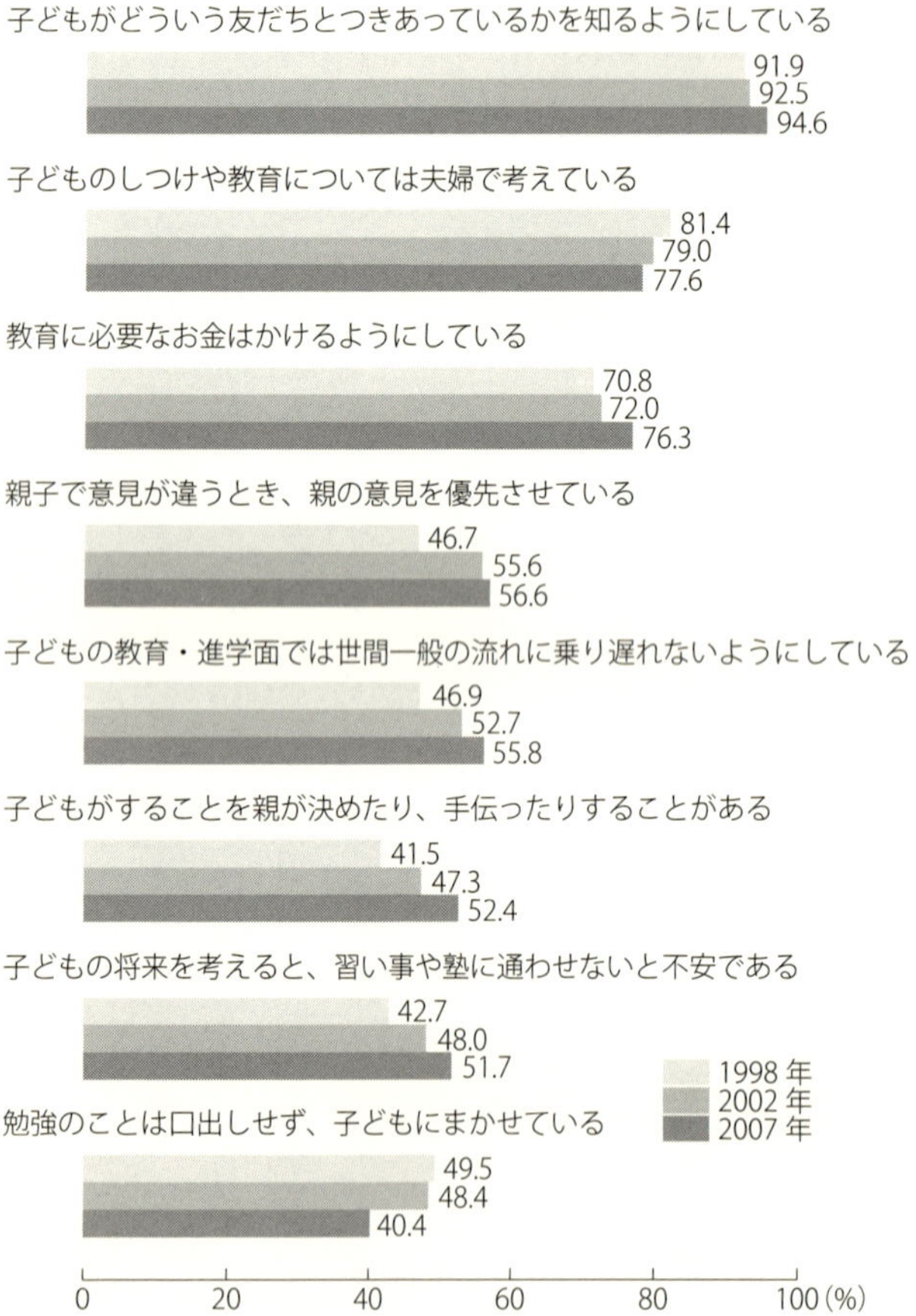

図 3-19　子どもの成長の実感

Benesse 教育開発センター「第 3 回子育て生活基本調査　速報版」2007 年

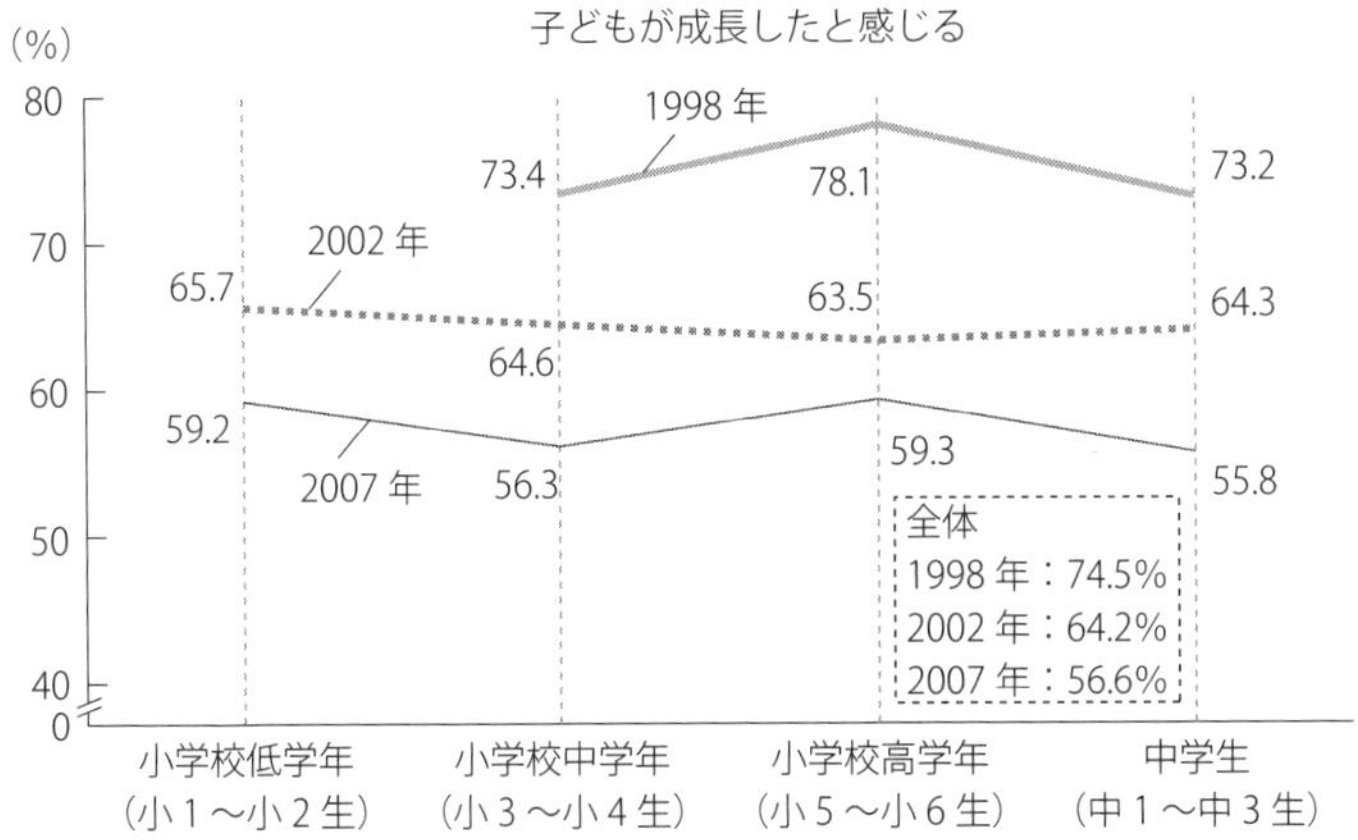

とになります。

その一方で、同調査で親の意識を調べた項目では図3―19のような結果もまとめられています。「子どもが成長したと感じる」という項目に同意したのは小学1年生から中学3年生までの子どもの親の全体を平均して56・6％で、1998年以来17・9ポイントも減っているのです。生活のさまざまな局面で親が子どもの行動に関心を持ち、干渉する機会が増えているのに、親が子どもの成長を実感できる機会は減っているのです。ここであぶり出されてくるのは、親の過剰な期待と、それに応え切れていない子ども、という関係です。視点を変えれば、子どもたちは常に「もっと良くできた子にならなければならない」という大きな心理的ストレスに晒され続けていると考えることができます。

このような状況にある子どもたちをスポーツクラブで受け入れた時、そこでさらに、より上手く、より強く、より良い選手に、とプレッシャーをかけ続けたらどうなるでしょう。子どもの心はひずみ、耐え切れなくなってしまうでしょう。好きで上手になりたいと願って入部したのに、スポーツそのものが楽しく感じられなくなってしまうかもしれません。しかし、スポーツを行う以上、自分の力の範囲で全力を尽くし、より向上した自分になることを目指すことは必要です。不要な心理ストレスを増やさないようにしながら、自分の力に応じた向上心を忘れないようにするにはどうしたらいいのでしょうか。

日本体育協会公認スポーツドクターで医学博士の永島正紀氏は、スポーツ活動がストレスになるかどうかについて、「希求」「制御」「援助」の三つの要素が、「自己」と「他者」との間でどのようなバランスを取るかが重要としています（表3―2）。

「希求」とはスポーツをする時に生じる欲求で、「自己」では「やりたい」と思う意欲を示します。「他者」の「希求」とは、その子に「やらせたい」とする親の欲求や「もう少しできるはずだ」などという指導者の欲求、あるいは「学校の名誉のためにがんばって」などという周囲の不特定多数の期待などです。自分の純粋な意思と、親や指導者、あるいは周囲の大人たちとの期待との間にズレがあると、ストレスは大きくなります。

表3–2　ストレスの原因になるもの

永島正紀『スポーツ少年のメンタルサポート』講談社、2002年

	自己	他者
①希求	欲求	要求
②制御	自制	支配
③援助	許容	支持

「制御」は、「自己」では忍耐、自己コントロールを示します。「他者」の「制御」は、親や指導者の支配、命令などの形で示されます。子どもの未熟な忍耐力、自己コントロール能力に対して、大人が指示、命令、統制を加えすぎると、ストレスは大きくなります。

「援助」は、「自己」では自分自身の弱い心理を受け入れることができる範囲、自分を許せる範囲を示します。「他者」の「援助」は、弱みを見せた相手をどこまで許容し、支援できるかという限度を示します。常に弱音を吐くことを許さず、気を張り詰めたままの状態を要求され続ければ、この関係のバランスが崩れ、ストレスは大きくなります。

私たち大人は、子どものスポーツ活動の中で、まず、この三つの要素のバランスが崩れないよう、最大の努力をする必要があります。子どもたちは、もともと親の干渉と過剰な期待に囲まれています。そこでさらに、スポーツがストレスを増やすようなことになってはいけません。過剰な期待をかけず、必要以上に子どもの意思を抑え込むことをせず、失敗、挫折を上手に受け入れ、子どもたちが明日に期待を抱けるような活動を心がけるべきです。

永島博士は、スポーツに励みながらこの三つの要素の調和をほどよく取り、不要なストレスを増大させないようにするには、「自分のこころの状態を適切に言葉で表現できるかどうかにかかっていると思います」としています（『スポーツ少年のメンタルサポート』講談社、2002年）。つまり、自分が今、何を感じ、どう思っているか、ということを素直に表現できることこそ、スポーツをストレスにしないためのポイントだと言うのです。

この本の中で私は繰り返し、自分のプレーの中で次にどうしようと思うのか、なぜそうしたのか、という部分について、考え、端的に主張できる環境を与えることが大切と言い続けています。考え、主張することを常としていればストレスに関係する三つの要素のバランスを保ちやすいはずです。そして、その三つのバランスが保たれた中で自分の状態を進んで語れる子が育てば、その子は親の期待と現実の間で生じるストレスに押しつぶされることなく、やがてそれを克服していけるようになれると思うのです。

chapter

4

少年期のスポーツと競技力強化の実際

少年期のスポーツには、スポーツの普及を通じた少年の健全な育成という側面と、競技力の早期養成という側面があります。強いトップアスリートを輩出するために、できるだけ多くの少年・少女に競技を普及させ、競技の裾野を広くする一方で、優れた素質を持つ少年・少女に対して、適切な強化活動を行う必要があります。

現在、数々のスポーツ種目の中で、夏季オリンピックで日本人アスリートがコンスタントに好成績を挙げている種目は柔道、レスリング、水泳です。21世紀になってから実施された夏季オリンピック3大会（シドニー、アテネ、北京）の総メダル数80個のうち、この3種目で日本人アスリートが獲得したメダル数は54個。全メダルの実に7割近くをわずか3種目で占めているわけですから国際競技力の高さは抜群です。世界の真剣勝負の舞台に出て最も結果を出しているこの3種目の競技団体では、少年期の育成にどのような視点を持っているのでしょうか。それぞれの関係者に伺った話をもとに考えてみます。

一方、少年期の選手人口の多さから言うと、軟式野球（約30万人）、サッカー（約28万人）、ミニバスケットボール（約15万人）、バレーボール（約9万人）が上位を占めます（いずれも2008年各協会登録数。野球は1チーム20名登録として換算）。これらの種目では、野球を除いて、オリンピック、あるいはそれぞれの種目の世界選手権で好成績を残すことが最も大きな課題とされています（ミニバスケットボールはバスケットボールにつながる種目として考えます）。言い換えると、野球を除くこれらの種目では、いかに世界と戦える選手をコンスタントに輩出するか、という点が常に大きな課題となっています。ところが、これらの種目は近年、柔道、レスリング、水泳に比べると、国際的な好成績がなかなか残せていないという事実があります。こうした現状にあって、これらの競技団体では少年期の選手育成・強化にどのようなビジョンを掲げているのでしょうか、こちらについても、関係者から伺った話をもとに考えてみます。

なお、少年の競技人口として軟式野球は常に上位を占め、野球は日本国内で根強い人気を保つ種目ではありますが、他の競技に比べて国際性という点ではかなりマイナーであり、唯一の国際競技大会と位置づけられているＷＢＣも参加国が極めて少なく、オリンピックやサッカーのワールドカップとは性質が異なる事情と判断いたしました。昨今、「メジャーリーグ入り」を夢とする野球少年も増えましたが、現実には日本のプロ球団入りを最終目標とする傾向は未だに強く、野球界自体も「世界を基準にした競技力」という概念を抱きにくい状況であったため、今回、国際競技力を向上させるための少年期の育成という視点で分析する対象からは、敢えて外させていただきました。

1――メダル獲得最多種目・柔道指導者の危機感

脅かされる国際競技力の高さ

柔道は21世紀以降の夏季オリンピック3大会で計25個のメダルを獲得し、日本国内では他の種目を圧して国際的な競技力の高さを堅持している種目です。私たちスポーツファンも、日本の柔道は勝って当然というような意識を持つことさえあります。他の競技種目に比べて、圧倒的に高い国際競技力を保ち、毎年、次々に強い選手を輩出し続ける日本の柔道界では、少年期の育成に対してどのようなビジョンを持っているのでしょうか。日本柔道連盟強化委員会の大迫明伸氏は、日本柔道の現状とジュニア育成について、次のように語ります。

「柔道の実績を高く評価していただくのはありがたいのですが、私どもはむしろ非常に強い危機感を持っています。確かに現在でも国際的な成果は維持されてはいますが、その一方で、オリンピックや世界選手権で、日本の選手が勝てないことも珍しくなくなりました。しかも、僅差で負けるばかりではなく、完敗することさえある。決勝、準決勝ではなく、1回戦で負けることもある。現実には追い上げてくる国々との差は年々、縮まっています。ですから、そうした事実を踏まえた上で、そのような状況に至った原因を明らかにし、ジュニアの育成に当たっていかねばならない段階に来ています」

柔道は日本で発祥し、日本人指導者の尽力によって世界的に普及されました。海外の柔道家たちは日本に学び、日本を目標として育ちました。しかし、一部の国々の選手たちは年々実力を上げ、日本選手を脅かす存在にまでなりました。近年の日本の苦戦の原因の第一は、こうした海外選手のレベルアップにあることは理解できます。しかし同時に、日本人選手の側にも、追いつき追い越されてもやむを得ないと思われる問題点があるのではないかと大迫さんは分析しています。

「技術面で言えば、技に対する探求心が以前のようにどん欲ではなくなっている気がします。例えば一例としてえりをつかむテクニックがあります。えりを上手につかむと、手首の微妙な動かし方で技のコントロールが効くようになる。相手の姿勢や動き、力の入れ具合に応じて、多様な応用が利くのです。えりのつかみ方と手首の活用を研究し、それを洗練していくことは、技を極めていくのに非常に重要なことなのです。ところが、そのように時間をかけて熟練しなければならない、微細な感覚をとぎすませていく技の取得に、若い選手が以前のように時間をかけなくなっていると感じます」

柔道の奥深さを会得するために最も重要な、言い換えれば、理にかなった鮮やかな技を駆使する日本人らしい柔道を磨いていくために必要な、技の探求という部分に対して、従来の日本の柔道選手は妥協することがなかったといいます。しかし、近年はその傾向が薄れているというのです。選手が技を深めることのないまま育ち、日本代表のレベルになるとすると、日本の柔道の質の高さが保てず、海外選手の追い上げに対抗できません。ではなぜ、そのように技の奥深さに対する探求がないがしろになってしまっているのでしょう。その原因の一つとして、中学、高校生たちの間にはびこる勝利第一主義があると大迫さんは警告します。

「えりのつかみ方のように、繊細な技術の習得は簡単ではありません。ですから、心も体も柔軟な少年期に、工夫し、試行錯誤する中から、自分らしい方法を見つけ出し、時間をかけて体得してほしいのです。しかし、そのように時間がかかる技術を丁寧に教えるよりも、すぐ次の試合で役に立つ方法論のようなものを重視する指導者が増えてきている。例えば、中学、高校の段階から、相手の柔道着の背中をつかんで振り回すという戦い方が増えています。その方法は、体格、筋力にものを言わせることができるかもしれませんが、本来なら基礎技術をしっかり身につけなくてはならない時期にそのような柔道をしていれば、えりを使った手首の微妙なコントロールなど身につけようがない。技が深まらないのです。しかし、中学、高校の在学中にとりあえず結果を出すということを重視するなら、その方が勝利に近いかもしれない。上から相手に覆い被さるような体勢をとっていれば、技を掛け合ったときに相手の姿勢が崩れて相手に『指導』が与えられ、ラッキーなポイントを稼げるという姑息な計算も働く。しかし、そのような柔道は私たちが推進したいものではないし、また、そのような柔道を少年期からやっていてそれなりに勝ち進んだとしても、結局、代表レベルになれば筋力、体格に優れた外国人選手にやられてしまうのです」

本来ならしっかりと基礎技術を身につけてほしい少年期に、目先の勝利を手にするための方法論に拘泥してしまう。その結果、確実な基礎を身につけないまま、付け焼き刃的な技術の選手が次のステージに進んでしまう。そんな環境が中学、高校に拡大しつつあるというのです。そうした環境から輩出された選手が長じて国際試合に出場しても、本来、発揮されるべき確かな技術で対抗できず、体格、体力に勝る外国選手に苦戦することは自明の理、というのが大迫さんの分析です。大迫さんは、そうした傾向を是正するために、指導者対象の講習会を積極的に開催し、意識改革を推進したいとしますが、厳しい現実の壁もあります。

「以前と違って、現在ではトップレベルの柔道選手が企業の契約アスリートとして生活できるようになりました。以前は、日本代表クラスでも、就職すれば仕事をしながら柔道の時間をつくり、引退すれば会社に残って一社会人として仕事をしました。ですから、柔道だけがんばっていればよいということはありませんでした。しかし今では、少年時代に良い成績を出せば、有名校に特待生で入学でき、やがて契約プロの道が開けます。選手を集めたい企業が、関係の深い大学に学費などの資金援助をして有力選手を囲い込ませる、などという話も聞こえてきます。勝敗の結果が進学、生活に直結するという現実があるから、少年期から結果ばかりを求めて目先の勝敗にこだわり、基礎が疎かになる傾向が強まってしまうのです」

柔道ルネッサンスで取り戻したいこと

近年、契約プロ選手という立場が確立されたことで、以前のように、柔道を離れても社会人としても恥ずかしくない人生を歩まねばならないという意識が薄れはじめ、一部選手の間では、柔道で結果さえ出していればよい、という風潮さえ散見されつつあるといいます。ある程度の成績を出すと、テレビを中心にメディアが人気選手扱いをする現実もあります。こうした潮流は、目先の勝利第一主義にますます拍車をかけ、地味に、丹念に、基礎技術を熟成させるという意識を希薄にさせているのかもしれません。そうした傾向は、選手の柔道に対する姿勢そのものにも好ましからざる変化をもたらした部分があるといいます。

柔道ではそもそも、競技力の向上と並んで、「精力善用」「自他共栄」という創始者・嘉納治五郎の説いた精神の遂行が奨励されます。肉体的な強さの追求のみならず、精神面の成熟が重視されるのです。ところが、ある時期からトップ選手でも試合の時の礼が粗雑だったり、負かした相手に馬乗りのままガッツポーズをしたりと、柔道が本来、重視すべき精神を忘れていると思わざるを得ない例が散見されるようになりました。こうした現象も、勝って成績さえ残せばいい、という風潮の延長にあるのかもしれません。

柔道連盟では、こうした傾向を正し、柔道が本来、求めている理想を取り戻すための試みとして1991年「柔道ルネッサンス」という運動を立ち上げました。柔道ルネッサンスで掲げられたことは、柔道精神の原点である「精力善用」「自他共栄」を見つめ直すことです。具体的に示されたものは、あいさつの奨励、ゴミの処理、友だちづくりの奨励、互助の精神など、どちらかといえば聞き慣れた常識ばかりです。しかし、その聞き慣れた常識の励行の中にこそ、実は柔道選手が、アスリートが、あるいは日本人が忘れつつあることが含まれているのではないのか、という観点に立って柔道ルネッサンスは推進されました。

柔道でも他のスポーツでも、何かを習い始めの頃には誰もが向上心があり、謙虚に学ぶ姿勢を持っています。しかし、上達し、実力を蓄えていくうちに、慢心し、初心を忘れ、聞く耳を持てなくなります。そうした悪循環を戒め、初心に戻ることが大切、という意味も、柔道ルネッサンスには込められているのです。柔道のトップ選手の中にも、こうした観点から自らを省みる必要のある選手がいる、と大迫さんは懸念します。柔道ルネッサンスでは、表面的には道徳、倫理の洗練が謳われていますが、それは同時に、トップ選手の意識改革の奨励でもあったのです。

「柔道ルネッサンスが推進される前後から、選手個々のレベルでも、技の追求、体力の強化、実戦力の洗練という部分に対して、取り組む姿勢が非常に甘くなっていることが散見されました。誰にもまねができないレベルまで技の精度を高めよう、限界を乗り越えるほどのトレーニングを自ら課してみよう、というような高い意識を持つ選手が少なくなったのです。中には、ほどほどに努力して、そこそこの成績が残ればいいというような姿勢の選手さえ出てきた。これは柔道が本来、追求したい精神に大きく反するものですし、競技力の強化という観点からも非常に問題でした」

確かに、才能に恵まれながらも力を出し惜しみ、全力を出さずに手を抜くことがあれば、それは「精力善用」とは言えません。また、トップ選手は国や連盟から支援され特別に強化を受ける一方で、応援している国民に夢を与える義務もあるわけですから、そうした立場にふさわしい姿勢を維持できなければ「自他共栄」にも反するわけです。柔道ルネッサンスは、強くなって勝ちさえすればいい、という在り方に警鐘を鳴らし、柔道家としての、アスリートとしての姿勢を問い直す運動でもあるのです。

「今は、日本の若い選手よりも海外から武者修行に来ている選手の方が礼儀正しいことも少なくありません。これは、彼らの中に奢らず、謙虚に学び、向上したいという姿勢があるからではないでしょうか。乱取りという相手と組み合う実戦形式の練習でも、日本の若手には時として真剣さが感じられないこともあるのですが、海外の選手は、何でも吸収していこうと、ものすごく集中して取り組みます。投げられても投げられても向かってきます。乱取りを何度も繰り返しているうちに、苦しくなって根を上げるのも日本の選手の方が早いこともある。こうして、謙虚な姿勢を持ち、かつ、自分を厳しく律することのできる選手が外国人の中に多くなれば、日本人が勝てなくなって当然なのです」

大迫さんはジュニア代表のヘッドコーチとして、今後、ジュニア選手たちに対しては、柔道が本来、求めている精神について厳しく問いただすと同時に、基礎技術の堅実な獲得を徹底していきたいとしています。それは、柔道という種目を超えて、アスリートとして己の限界を追求するために本来、必要な行為と信じているからです。その取り組みに対して最も障害となるのが、中学、高校の柔道部の勝利第一主義だといいます。目先の結果ばかりを追い求め、心身の両面で短期促成の選手づくりをしていれば、いずれ、日本人柔道選手がオリンピック全階級で金メダルが一つも獲得できない「Xデー」がやってくると危惧するのです。

勝利、結果だけではなく素質で選抜する

これまで、柔道のジュニア代表は、全国大会の成績を基準に選ばれていました。勝って結果を出した選手を集めて強化するという方法で、柔道の高い競技力は保たれてきたのです。しかし、ここまで見てきたように、近年、中学、高校での勝利第一主義の蔓延により、短期促成型の選手が多く輩出される傾向があります。そうした選手たちは、中学、高校では結果が出るものの、そのレベルで勝つための術に固まってしまう傾向が強く、国際的なレベルの成長を考えた時、多くを期待できないケースも少なくありません。少年期から勝利勝利と追い立てられるあまりに、成人する前に精神的バーンアウトになる例も見られます。

そうした現実を踏まえ、今後のジュニア世代の強化として、大迫さんは、これまでは全国大会で結果が出た選手をピックアップするだけだった選手選考を、関東、東海、関西などブロックレベルまで下ろし、当面の成績だけではなく、素質、将来性に視点を定めて選手を選抜していく方法に変更しました。これまでは、中学でも高校でも主な大会では3年生が結果を出すことが多く、強化委員の目も3年生を中心に注がれていました。しかし、これからは1年生、2年生にも細かく目を配り、たとえ成績が振るわなくても、将来性、伸びしろの部

分を分析して選抜していく方針に転換したとのことです。

一方、国際的な柔道の潮流は、本来、日本の柔道が重視している技術重視の方向に軌道修正しつつあるといいます。近年、オリンピックなどでは、外国選手がポイントを稼ぐための手段に終始し、組んで投げるという柔道本来の姿から遠ざかる傾向がありました。勝ち、負け、という結果ばかり追求すれば、自ずとそうした傾向は強まるのでしょう。しかし、ポイントを計算するばかりの柔道は決して魅力的ではありません。北京オリンピックで田村亮子選手がわずかなポイントで判定負けをした時、多くの人が「あれで負けなのか」と納得のいかない思いに駆られたことでしょう。投げられてもいない、崩されてもいない、極められてもいない、それなのに、審判の印象で負けと宣言される。一体あれは柔道の負けと言えるのか、と。田村選手の試合に象徴されるような、わずかなポイント差を巡るような闘いは、私たちファンの柔道離れを加速しかねません。

競技としての魅力が薄れてテレビの視聴率が下がれば、オリンピックを統括するIOC（国際オリンピック委員会）にとって、大きな問題です。そのため、国際柔道連盟は微細な優劣でポイント差をつける傾向に歯止めをかけ、より明確な技の掛け合いを推進する方向性を打ち出しました。その結果、北京オリンピック以降「効果」は廃止され、「一本」「技あり」「有効」の3基準で、より攻め合う柔道、技を掛け合う柔道が推進されているのです。この改正を踏まえて大迫さんは次のように展望します。

「その決定は技術を重視する日本の柔道にとっては大変好ましいことです。しかし、今のジュニア選手の置かれた環境を考えると、手放しでは喜んでいられません。中学生、高校生が確かな基礎が身につかないまま結果だけを出している現状を改善しなければ、日本人の技術を活かして『組んだら勝てる』と考えられていたものが、今後は逆に『組んでも負ける』という事態に陥りかねない可能性もあります。ジュニア選手を短絡的な勝利第一主義で翻弄せず、彼らに正確で洗練された基礎技術をじっくり時間をかけて会得させることは、より一層、重要になったと言えますし、それこそが、日本柔道の将来を支えるカギになると信じています」

技術力を重視する日本の柔道の、成熟度のバロメーターの一つが全日本柔道選手権の上位入賞者であると大迫さんは言います。この大会は無差別で争われるため、上位は最重量級の選手が独占してしかるべきです。もちろん「柔をよく剛を制する」の理想の下、小さな選手が大きな選手に勝つ可能性を秘めているのも柔道の魅力の一つです。しかし、参加するすべての選手が同じように高い技術力を持っているとすれば、自ずと体格に優れた選手が上位を占めるはずです。しかし、そうではない現実もあるようです。

「2000年の篠原信一以来、ここ9年間、最重量級である100kg超級の選手の優勝者が出ていません。優勝しているのは、井上康生、鈴木桂治、石井慧、穴井隆将など、1階級下の100kg級の選手ばかりです。最重量級の選手が伸び悩んでいるのは、少年時代にえりをつかんできちんと技を掛ける柔道を学ばずに、背中をつかんで力任せにねじ伏せるような柔道で結果を出しているからと危惧しています」

柔道は日本人選手が世界で最も活躍できる競技の一つです。しかし、その実績に危機が迫っていて、その危機を招いた原因の一つに、少年時代の勝利第一主義が挙げられていることは、とても重要な意味があると思います。他競技でも大いに参考にしていただきたいものです。

2——レスリングの闘う相手は無理解な大人たち

少年クラブの活性と中学生年代の落ち込み

日本のレスリングは21世紀以降の夏季オリンピック3大会で計13個のメダルを獲得しています。ヘルシンキ・オリンピック（1952年）で石井正八選手が金メダルを獲得して以来、日本レスリングがオリンピックでメダル獲得を逃したことはなく、柔道と並んで常に国際競技力の高さを維持している種目です。

レスリングのジュニア選手育成の歴史は古く、1953年に山口県の元柔道選手、斉藤憲氏が地域の少年の指導を開始したことに始まります。その後、熱意ある指導者によって、全国各地にレスリング道場が開設され、それは1964年の東京オリンピック以降、クラブチームの増加と歩調を合わせて発展し続けました。

少年の育成が全国規模で意識されるようになったのは、1983年からです。毎年開催されている全日本社会人選手権大会の余興として、会場に同行した選手の子どもたちによるエキシビジョンゲームを実施していたのですが、それが年々、参加者を増やしていったため、正式な大会として整備する機運が高まり、同年、試験的に少年の部を独立させた大会が開催されました。翌1984年に全国少年レスリング連盟が発足し、正式に全国少年レスリング大会が開催されることとなり、連盟規約が整備されて少年レスリング普及のための基盤が整いました。現在、全国で約240クラブ、約4000名のチビッ子レスラーが活躍しています。

2008年北京オリンピックでメダリストとなった選手は全員、こうした地域のクラブ育ちで、ここ10年ほどは全日本チャンピオン選手の多くが少年レスリングの出身者で占められるようになりました。少年レスリングクラブの普及活動は日本のレスリングを支える大きな柱の一つになっています。しかし、レスリング界には大きな悩みがあります。それは、少年クラブで育った選手たちが中学生年代になった時、受け入れてもらえる組織が少ないのです。クラブ活動としてレスリング部がある中学は極めて少数です。中学校に進んだ後にも継続しで地域のクラブで活動を続ける希望を持ったとしても、レスリングどころではな学校の制度として何かのクラブ活動に参加させられることが多く、そちらに時間をとられてしまえば、レスリングどころではなくなります。そのため、多くの少年・少女レスラーたちは、中学進学の後、別のスポーツ種目に転向してしまうのです。

後にメダリストとなるような素質に恵まれた少年・少女たちは、少年時代からの所属クラブで優秀な指導者のもと中学生年齢になっても活動を続けることが多いのですが、そうした例は少数です。その結果、一部、優秀な選手は成長に応じた継続的なトレーニングが続けられるものの、多くは中学進学とともにレスリングを断念することとなります。日本レスリング協会事務局長の菅《すげ》芳松氏によれば、中学進学後にレスリングを継続する少年・少女はわずか10％程度ということです。

しかし、こうした現象は、視点を変えれば、非常に効率的な選手強化になっているとも考えられます。中学生の時点で、いろいろな条件が整った素材のみが本格的な指導を受ける形になっているという側面もあるからです。レスリング界にはメダル獲得が継続している伝統があるため、競技力強化のノウハウは蓄積されています。そのエッセンスが、一定数に絞り込まれた素材に対して集中して教授されていくことは、ある意味、徹底的なエリート指導ということになります。日本レスリング協会のジュニア強化は高校生年代から開始されますが、そこでは厳選された選手が年に4〜5回の強化合宿で鍛えられます。オリンピック選手も同様で、候補選手はオリンピックの前年に徹底した合宿強化を受けます。日本のレスリングが常に高い国際的競技力を維持している秘密の一つは、こうした少数精鋭の徹底強化にあるのかもしれません。

とはいえ、レスリングの継続を中学生時代に断念した選手の中には、他のスポーツに転向して好成績を残す例も少なくありません。また、少年時代には平凡であっても、継続的な指導をしていれば、成長とともにレスリングの素質が開花したであろう選手がいる可能性も高いと考えられます。ですから、中学生年齢の素材が環境的な問題で他のスポーツに流出してしまう現状に対しては、レスリング関係者はとても頭を痛めています。

レスリング協会では現在、年に1回、小学4年生以上の優秀な素材を集め、「エリート合宿」と称したイベントを実施しています。夏休みを利用した五泊六日の強化合宿という形態で、素質に恵まれた小学生に対してより高い技術を学ばせる内容が中心になります。しかし、そこで狙われていることは、目先の強化よりも別の部分にあると菅さんは言います。

「1年に1回、5泊6日でできることなど、たかがしれています。本当の意味での強化として大きな成果が出るわけではない。それよりも、私たちがその合宿で重視しているのは、集まった少年選手たちに『君たちは選ばれた人なのだ、将来の日本のレスリングを背負って立つ存在なのだ』ということを意識してもらうこと、このままがんばってレスリングを続ければ、オリンピックに出られてメダルも狙えるかもしれないという夢を抱かせることなんです。中学に進んでも辞めないための意識付けをしている、ということですね」

レスリングは非常に危険度の高い格闘技で、誰でもすぐ気軽に参加できるものではありません。野球やサッカーのように、子どもたちだけでプレーすることもできません。十分な知識のある指導者と安全が確保された環境があってはじめて成り立つスポーツです。そのあたりの敷居の高さが、野球やサッカーのように広く普及することの障害になっていることは確かでしょう。しかしそれでも、オリンピックでメダルを逃したことのない高度な競技力を保っている種目でありながら、一方で素質のある少年選手が他のスポーツに転向しないために関係者が努力しなければならないという現実には驚かされます。

少年時代のレスリング活動に何が必要か

1984年に少年レスリングの全国大会が発足して以来、少年レスラーの数は順調に増えています。近年では吉田沙保里、伊調姉妹、浜口京子ら女子を中心にした日本人レスラーの国際的活躍が話題になることもあり、レスリングに興味を示す親子が増えてきました。その一方で、少年・少女たちを受け入れる日本のレスリング界には、日本レスリングの発展に尽力した故・八田一郎氏の提唱した「八田イズム」と呼ばれる独特のハードトレーニング理念があります。現在は八田氏がかつて実践したノウハウがそのまま活用されることは少なくなり、それはより洗練された近代的トレーニングに姿を変えてはいますが、強靱な心身を求める伝統はレスリング界には残されています。少年レスラーの育成とハードトレーニングの伝統は、どのようにバランスが取られるのでしょうか。

「八田イズムは、肉体、精神、両面のタフネスを養成するための非常にハードな内容を含むノウハウです。私たちもその洗礼を受けた世代ですが、その厳しさは確かに尋常ではない。ただ、八田さんが示したノウハウは、情報の乏しかった日本レスリングの黎明期に試行錯誤の末に開発された実践法であった一方で、レスリングが日本人の間にまったく認知されていない状況を打破するための、メディアに注目されるための戦略という一面もありました。ですから、かなり誇張されて伝えられた部分もありましたが、それは時代と共に理論的な整合性を伴って洗練されてきています。それでもやはり、レスリングは1対1の格闘技ですから、理屈を超えた領域での強さを追求するという伝統は、未だに残されています」

実際のトレーニングのノウハウは年々、改良されて合理性を高めているものの、八田イズムの原点である心身両面の強さの追求という伝統は、日本のレスリング界に脈々と受け継がれています。そして実際、それが絶えることなくメダリストを輩出する実績につながっているのです。しかし、だからといって、少年期から早々にその厳しさを教える込むべきかといえば、話は別だと菅さんは言います。

「私たちは少年時代には『強化』という概念はまったく不要だと考えています。少年時代に競技選手として強くするという視点はいらない。それよりも、子どもたちにはレスリングを通じて多様な身のこなしを覚えてもらい、自分の体を状況に応じて思うようにコントロールできるようになってもらえればいい。相手と組み合って押したり引いたりする中で、重心の移動や姿勢の変化を感じ取り、自分の力や相手の力を合理的に利用する感覚、機敏な対応、それらを洗練していくことが第一義と考えています」

どの競技でもそうですが、「鉄は熱いうちに打て」とばかりに、早期教育を施すほどによいとする大人は数多くいます。特に厳しいトレーニングで知られるレスリング界ですので、子どもにレスリングを習わせている親の中には、少年期からハードトレーニングを期待し、勝てる選手に育ててほしいと望む人は多いのではないでしょうか。菅さんは、そうした考えに警鐘を鳴らします。

「確かに一部のメダリストのように、子ども時代から連戦連勝で天才と騒がれたという例もあります。ただそれは、類い稀な素質に恵まれた特殊なケースという部分もあるので、簡単に一般化はできません。一方で男子の松永共広は北京オリンピック55kg級で銀メダリストになりましたが、少年時代はさしたる成績を挙げていません。湯本健一も同じく60kg級で銅メダルを獲りましたが、彼も少年時代はまったく活躍していなかった。二人ともある年齢に達してから競技選手としての力をつけていったのです。決して少年時代から徹底して勝利を目指し鍛え上げたわけではなかった。国際的な競技者を養成するような本格的なトレーニングというものは、一定の心身の成長の後に、本人の高い自覚とともに実施されるものであって、子ども時代から周囲の大人が入れ込んで仕込むべきものではないと考えています」

それでも、我が子を末はメダリストに、我が教え子をいずれオリンピック選手に、と熱を上げる親、あるいはコーチは少なくないといいます。菅さんら協会の担当者の考えとは裏腹に、少年時代から徹底して競技選手としての強化を仕込まれている少年レスラーも数多く見られるようになりました。

「先ほど紹介した年1回の少年対象のエリート合宿ですが、そういう場所に集められてきた子どもたちの中には、時折、心身両面で障害を持つ子が含まれています。まず毎週の試合で勝て、勝て、と追い込まれていて、年中、成績を出すことのプレッシャーに晒され続けている子がいる。そういう子は、もう6年生の段階で精神的にバーンアウトしていて、新しい技術や戦術を積極的に身につけようとする意識が薄れている。レスリングそのものに対する高い意欲も低下しているんです。また、肉体的に追い込みすぎていて、筋肉、関節に怪我を抱えている子もいる。何より、レスリング独特の耳の変形が始まっている子もいる。これでは成人の選手と同じではないかと。子ども時代からこれではいけないと」

アメリカなどレスリング先進国でも、少年期からの普及は進んでいて、レスリングは多くの子どもたちに親しまれています。そこでは、心身両面の障害など、問題は出ていないのでしょうか。また、日本のレスリング界は、そうした国々の事例をどのようにとらえているのでしょうか。

「日本と欧米で決定的に違うのは、子どもたちの育成に対して医科学的なサポートが徹底されていることだと思います。どの年齢ではどの程度のトレーニングが適当か、どういう障害の危険があるからどういう予防策が必要か、また、栄養はどのように与えていけばいいか、そうした知見が豊かに用意されていて、指導者は情報を熟知して指導している。明日、来週、来月、勝たせることよりも、年齢に応じた適切な指導をして将来、素質を花開かせることを重視しているんです。私たちもそうした理念を広めたいと思っています」

育成期の子どもたちにどのような指導をすべきか、という確かな知識なしに、レスリングの経験論のみでハードトレーニングを課してしまうことほど危険なことはないと菅さんは懸念します。もともと小学校卒業以降にレスリングを継続する子どもが少ない現状に加えて、トレーニングの内容も非合理的というのでは、ますますレスリングを敬遠する少年は多くなると危惧するのです。

10年後の姿をイメージする指導を目指して

指導者が少年期の育成に関して正しい医科学の知識を持ち、目前の勝利を目指すことではなく、長期的な視点で指導することが徹底されれば、少年レスリングの裾野はより広がり、優れた資質を持つ子どもたちが野球、サッカーばかりでなくレスリングに親しんでくれる環境も整うかもしれません。「今、目の前のことばかりではなく、10年後を見据えた指導ができるかどうかなのです」と菅さんは語ります。

レスリングは格闘技という特性から、肉体面の強化のみならず、心理面の強化も重要な課題の一つです。心理的な強さは、苦しいトレーニングに耐えるという形で、受動的に身につくこともあるでしょう。しかし、自分を厳しく律して立ちはだかる壁に向かい、苦心の末に克服していくという能動的な姿勢で獲得された強さに勝るものはありません。その能動的な姿勢を醸成するには、その前段階として、レスリングが好きで、もっと上手く、強くなりたいというポジティブな心理が必要です。

そうしたレスリングに対するポジティブな心理を持つことが、やがて体の発達とともに、自分の限界に挑戦する強い意欲につながっていくのです。ところが、少年時代から競技力の向上に傾注して結果ばかりを重視することに明け暮れていれば、やがて子どもは心身ともに疲弊してしまい、練習や試合が楽しいものではなく、サボりたいもの、休みたいものになってしまいます。そうしたネガティブな心理で本格的な競技トレーニングを開始しても、なかなか限界に挑むような強い意欲がわき上がらないでしょう。少年時代に勝利を追求しすぎることは、かえって心理的な意欲を枯渇させてしまいかねないのです。

これまでレスリングで日本人選手が継続的に好成績を挙げてきた要因の一つとして、菅さんは「心身両面での粘り強さ」を挙げます。一進一退の状況でもじっくり根気よく闘い、我慢しながら勝機を狙うという部分に、忍耐強い日本人の心理、全身持久力に優れた肉体的特性が合致しやすいのではないかという分析です。ところが、近年のルール改正により、その日本人の特性が発揮しにくい状況になりました。

これまで、レスリングのルールはフリースタイル、グレコローマンスタイルともに、3分2ラウンドの勝負でした。しかし北京オリンピックからは、2分3ラウンド勝負に改正されました。一つのラウンドが1分短縮され、また2ラウンド先取で勝負が決まることから、試合は粘り強さよりも瞬発力に優れ、短期決戦型の選手が有利な状況になったのです。日本人選手の強さの要因の一つが心身両面での粘り強さだとすれば、これは外国人選手有利のルール改正ともいえるかもしれません。

しかし、北京オリンピックの日本人メダリストたちは、こうした自分の不利になりかねない状況にも見事に対応し、結果を出しました。それは菅さんの表現をお借りすれば「レスリングに対する高い意識、姿勢の結果」ということです。これまでの戦法が活用しにくくなるなら、代わりにどのような戦い方が考えられるか、研究し、試し、修正しながらよりよい方法を探求していく。そうした妥協をゆるさぬ姿勢がメダリストたちにはあるのです。肉体的な資質はもちろんですが、結局、最後にはこうした向上心、克己心、といった言葉に置き換えられるような、心理的な強さがアスリートとしての成果につながるのです。

そうした強く自らを律する姿勢は、人から強制され、受動的に動いている中から育つものではありません。厳しいトレーニングに耐えうる肉体と精神が成熟したタイミングに、本人の強い自覚が伴ってはじめて発動していくものです。そのタイミングに至るまでの間に、子どもたちの心を折らず、体を傷めずに、正しく指導していくことが大切なのです。そのためには、欧米に倣い、指導者が適切な知識を持つことが不可欠です。レスリング協会では、東京、大阪で年に1回ずつ、指導者講習会を開催し、各年代の指導に対する正しい知識、技術を普及させていく計画です。これは現時点では有志の参加ですが、将来的にはライセンス保持と絡めて義務化し、すべての指導者が一定の知識を持ち、定期的な研修を経て育成指導に当たるという環境を整備する構想もあります。

オリンピックでメダリストを絶やしたことがないという実績と人気選手の輩出が、少年レスリングの普及を進めていることは歓迎すべき現象です。しかし、それが少年レスラーの勝利第一主義、過熱トレーニングにつながってしまっては元も子もありません。逆に、松永、湯本両選手の例のように、少年時代に結果を出していない選手であっても、適切な時期に正しく強化を開始すればメダリストに育つ可能性もあるということを、レスリング協会は他の競技団体に示し続けていただきたいと思います。

3――競泳が克服した二つのベクトルの相克

スイミングクラブが支えた競技力強化

競泳は21世紀以降の夏季オリンピック3大会で計17個のメダルを獲得し、柔道、レスリングと並んで国際的競技力の高さを誇る種目です。競泳界ではジュニア期の指導について、どのような理念が持たれているのでしょうか。

競泳の競技力の高さを支える存在として大きな役割を果たしているのがスイミングクラブです。日本には、指導者を要して水泳指導が行われているスイミングクラブが約3100か所あり（2003年10月体力健康新聞社調べ）、多くの少年・少女スイマーたちが水に親しみ、将来のオリンピック選手を夢見ています。スイミングクラブの歴史は1964年の東京オリンピックの反省から始まりました。東京オリンピックで競泳は男子800mリレーの銅メダル一つに終わり、関係者は「惨敗という受け止め方をした」（社団法人日本スイミングクラブ協会専務理事・澁谷俊一氏）とのことです。その結果、競泳のレベルアップのために、冬でも泳げる屋外プールの増設、指導者の養成、クラブ組織の育成、という三つの目標が掲げられました。

当時の日本では、競泳のみならずほぼすべての競技スポーツが学校単位の「部活」として活動していました。学校単位の指導の場合、小学校、中学校、高校の卒業と共に指導者や環境が変わり、一貫した指導が受けにくい状況になります。しかし、クラブ組織であれば、成長しても継続して同じ組織、同じコンセプトの下で活動できるため、長期的視野に立った計画的指導が実践できます。東京オリンピックでメダリストを量産したアメリカ、オーストラリアなどでこうしたクラブ組織が発達し、学校単位ではなく年齢区切りで大会が開催されていることが明らかになると、日本でも同様の組織作りを求める声が高まりました。そして東京オリンピック翌年の１９６５年、東京に代々木スイミングクラブが設立され、現在のスイミングクラブの先駆けとなりました。

代々木スイミングクラブの運営は競泳選手育成が念頭に置かれてはいましたが、専用のプールも専用のコースもなく、コーチも生徒も公共プールの一利用者としてチケットを購入し、一般利用者に混じって練習する状況だったということです。翌66年に開設された多摩川スイミングクラブは、初めて専用施設を持つ会員制のクラブで、現在のスイミングクラブの原型となりました。それ以降、スイミングクラブは順調に成長し、水泳は少年期のスポーツとして非常に多くの愛好者を生み出しました。会員数がピークの１９８０年前後には、入会

3か月待ちから6か月待ちというクラブも珍しくない状況になりました。

スイミングクラブの興隆とともに、1977年、スイミングクラブに所属する10歳（当初は8歳）から18歳の少年・少女たちを対象とした競泳の競技会「ジュニアオリンピック」が開設されました。大会には競泳先進国の大会形式に習い、2歳きざみの年齢別カテゴリー制が導入されました。当時、すでに中学生の年代には全国中学校競泳大会が、高校生の年代には全国高等学校選手権（インターハイ）があり、学校の水泳部が集う大会として歴史を重ねていました。しかし、年々スイミングクラブ出身者が競泳の競技力を高めていたという現実もあり、クラブ所属の選手として競い合うこの大会のレベルは年々高まり、そこでの活躍が少年・少女たちの大きな目標となりました。ジュニアオリンピックは現在、日本の競泳のジュニア層の強化として重要な意味を持つ大会となっています。

ところで、水泳と同様、サッカーもクラブチームの活動が活発で、中学生、高校生ではクラブチームに所属する選手と学校のサッカー部に所属する選手とに分かれます。サッカーの場合、クラブチームに所属するか、学校のサッカー部に所属するかは、厳然と区別する規定があり、普段はクラブチームに所属している選手が、学校のサッカー部が参加する全国中学校大会あるいはインターハイ時だけ、通っている学校のサッカー部所属として出場する、ということは厳しく禁じられています。近年、クラブチームと学校のサッカー部が垣根を越えて一つの大会に参加する形式が整備されてはいますが、クラブの大会にも参加し、同時に学校の大会にも参加するという形は許されません。水泳の場合、どちらでも参加できるという寛大な設定が、選手を常にハイレベルな競技環境下に置くという意味で、よい結果につながっているようです。

さて、こうしてスイミングクラブが興隆し、ジュニアオリンピックで好記録が出るようになると、クラブ間の競争も激しくなります。会員数の増減はクラブ経営に直結することから、各クラブも知名度を上げるために優秀な競泳選手を輩出することに熱心になります。その中で「熱意のあまりスパルタ式で理不尽なハードトレーニングを課す例も過去には散見された」(澁谷氏)とのことですが、その一方で、クラブのコーチの中では競泳先進国で実践されているノウハウを学ぼう、研究しようとする意欲も非常に高く、一流指導者を海外から招いての研修、講演などを積極的に消化しました。そうした指導者の向上心の高さは現在でも脈々と受け継がれていて、「熱意あるコーチの中には相当高いレベルの指導力を持つ人も少なくない」と澁谷氏も評価しています。時に熱意の先走りもありつつも、スイミングクラブのコーチたちが海外に習いながら試行錯誤、切磋琢磨して少年・少女スイマーの育成に尽力した歴史が、日本水泳の高い競技力を支える一因といえるようです。

スイミングクラブのコーチたちの指導力は、ナショナルチームの組織作りにも変化を与えました。主要な国際大会に際して日本代表選手が派遣される場合、監督、コーチは日本水泳連盟が組織しますが、80年代まではその人選には、代表選手を指導したスイミングクラブのコーチが加わることがほとんどありませんでした。しかし80年代以降、代表選手が普段の力を十二分に発揮するためには、代表に選ばれた後も所属スイミングクラブのコーチの指導を受けるべきという判断が下されました。その結果、1988年ソウルオリンピック背泳ぎ代表の鈴木大地選手には、セントラルスイミングクラブで指導に当たっていた鈴木陽二コーチが同行することとなり、見事、金メダルという成果が示されました。

鈴木選手は順天堂大学に進学しましたが、順天堂大学水泳部に所属しつつ、セントラルスイミングクラブで活動も続けることが容認されました。当時、大学によってはそうした形式で活動することを認めない強豪校もありましたが、順天堂大学はいち早く学校、クラブという垣根を取り払い、優秀な選手を育成する環境作りに取り組みました。以降、オリンピック代表選手には所属クラブのコーチが同行するという形式は続いています。こうしてスイミングクラブのコーチのノウハウが、水泳連盟の組織する強化活動の中で活用されることになったことも、近年の好成績につながっているのではないでしょうか。

◉◉◉ 個人で勝負という意識が過剰になった反省

プールを増やし、少年・少女スイマーを育て、一貫指導というコンセプトを打ち出したスイミングクラブの存在は、日本の競泳に大きな貢献をしました。スイミングクラブ育ちの選手がオリンピック代表に選ばれるようにもなりました。しかし、そうした選手たちが、国際舞台で必ずしもコンスタントに好成績を残したわけではありませんでした。日本水泳連盟競泳委員長としてジュニアの強化を担当する上野広治氏は次のように分析します。

「ミュンヘン大会では田口信教さんが100m平泳ぎで金メダル、200mでは銅メダルを獲得しました。それはメルボルン（1956年）大会の古川勝さん以来、男子競泳では16年ぶりの金メダルでした。女子は青木まゆみさんが100mバタフライで金メダル、これも個人種目としてはベルリン（1936年）大会の前畑秀子さん以来の金メダルでした。それ以降、ソウル（1988年）大会で鈴木大地が、バルセロナ（1992年）大会で岩崎恭子が金メダルを獲得しましたが、その二人以外では、ミュンヘン以降、1996年のアトランタ大会までの6大会（1980年モスクワ大会はボイコット）でメダリストが出ていない。日本の競泳界全体のレベルという視点で冷静に分析するなら、ミュンヘン以降、1996年アトランタまでは低調な成果に甘んじていた時代という意識があります」

日本の競泳が低調であったと厳しく分析された原因の一つとして、少年時代からの過度なトレーニングが挙げられました。スイミングスクール所属にせよ、学校の水泳部所属にせよ、少年時代に好記録を連発した選手が、長じて順調にトップスイマーに育つ例が期待するほど多くなく、それは結局、早熟な少年・少女に過度に注力した結果に過ぎなかったのではないかという反省がなされました。また、少年時代に好記録を出す選手は、成人する前に精神的バーンアウトになってしまう例も少なくなく、早期から勝利第一主義で追い込むことの弊害が指摘されるようになりました。その結果、1980年代からはジュニアオリンピック夏季水泳大会の参加年齢をそれまでの8歳以上から10歳以上に2歳切り上げ、幼少期からの過度な競技化に歯止めをかける動きが出ました。

鈴木大地選手が金メダルを獲得したことは、低迷していた日本水泳界に一筋の光明をもたらしましたが、新たな課題も浮上しました。鈴木選手の快挙は、日本代表選手にその選手を育てたクラブのコーチの帯同が認められたことの結果でもありました。それは、普段、選手を育成している指導者のノウハウがオリンピックでもそのまま普段通り実践できるという利点がありましたが、時として日本の水泳界全体のレベルアップという視点を忘れ、個人の成果を追求する意識を高める傾向を生み出してしまう一因となったのです。上野広治氏は、次のように分析します。

「鈴木大地の結果は、選手とコーチがセットになって日本代表に選出されることのメリットの象徴と言えるでしょう。しかし、それ以降、好成績を出す選手の周辺では選手・コーチという小さな単位での意識が強くなるという傾向が目立ち始めました。極端な話、オレの選手、オレのコーチという意識で、トレーニングやコンディショニングのノウハウなども個々の企業秘密のような雰囲気になり、別のスタッフが気軽に声をかけられないような部分も出てきた。日本の競泳全体というよりも、個々の選手とコーチの勝負という意識が強くなってしまったと思います」

アトランタ大会（1996年）でメダルゼロに終わった後、ナショナルヘッドコーチに任命された上野氏は、「そうした傾向を改め、個々の選手とコーチが個別に勝負するのではなく、日本がチームとして一つになるという意識を醸成することに腐心した」といいます。その一環として、代表選手が集う強化合宿には、選手とコーチだけではなく、ドクター、トレーナー、栄養士など、チームのサポートメンバーも全員集合させ、「常に日本の総力を結集させるために情報を共有する」という意識を体感させる状況をつくりました。さらに、勝てばいい、結果を残せばいい、という狭量な考えに陥りがちな若い選手に、競技者として記録を追求するだけではなく、選ばれた人間としての高い自覚と、代表選手として国民の期待を担うにふさわしい意識を持つことを強調して教育する環境を整えました。

「北島康介を見ていただければわかるように、一流の結果を出す選手は人間としても完成度が高いわけです。言動、行動、すべてが一人の人間として子どもたちの憧れの対象となるにふさわしいものを備えています。水泳だけ結果を出していればいいだろう、という意識の選手は決して一流にはなれません。私が指導していても、世界の舞台に進出していくような選手は、合宿で顔を合わせるたびに態度が洗練され、思慮深くなり、人間的に成長が感じられます」

人間的な成長はすなわち競技者としての成長、という考えから、2000年シドニーオリンピックに向けた強化を契機に、競泳の代表選手には次のような助言が与えられるようになりました。故・古橋広之進・水泳連盟名誉会長の言葉です。

「速く泳ぐだけなら、魚には勝てない」

単純に物理的な速さを追求するのなら、人間が達成できることなど、たかがしれています。速さでは小さな魚にすらかなわない。では、なぜ人は苦しい思いをしてトレーニングに励み、100分の1秒の差に一生を賭けるのでしょう。そこに、自己実現を目指し、人としての完成度を高めていく意識がなければ、人間がスポーツを追求していく意味がない、という教えです。スポーツマンは記録を追い求めると同時に、人間としての成熟も目指すのです。卓越したスイマーであることは同時に、洗練された人間でもあるはず、という理念です。人間としての器が大きくなれば、競技者として極限の状況に追い込まれたときにも、逃げ出さず、人を頼らずに、強く自分を律して立ち向かうことができる、という理想を語っています。

上野氏を筆頭に、日本の競泳関係者がこうした意識改革を導入してから、日本競泳陣の成果も大会ごとに向上しました。メダルゼロだったアトランタ（1996年）以降、シドニー（2000年）4個、アテネ（2004年）8個、北京（2008年）5個と順調に結果を出し、冒頭でも紹介したとおり、21世紀以降の夏季3大会では柔道、レスリングと並んでメダル獲得数ベスト3の座を堅持しています。

若年層の好記録をトップまで継続させる

21世紀以降の夏季オリンピック3大会で好成績を残しているとはいえ、日本の競泳はまだまだ大きなポテンシャルを秘めているとする向きも少なくありません。現在、各競技種目でドーピング撲滅のために抜き打ち検査が実施されています。競泳の場合、その検査対象は世界記録保持者を筆頭に上位50位以内とされていますが、日本の場合その順位以内にランクされている選手が170名もいます。「ジュニア選手の競技者数は圧倒的に世界一、選手層の厚さもトップクラス」（上野氏）なのです。その豊富なジュニア層の素材を、オリンピックレベルにまで順調に育て上げねばなりません。そのために上野氏は、より充実したジュニア期の強化を推進させるとします。

「スイミングクラブの努力によって、一貫指導という環境は整っています。ジュニアオリンピックの開催を通じて優秀な選手も輩出されるようになりました。コーチたちの切磋琢磨でトレーニングのノウハウも蓄積された。しかし一方で、少年層の普及の広がり、少年層の厚さの割にはトップ選手が育っていないという見方もできます。その原因の一つとして、少年期のコンディショニングプログラムの立ち後れという分析があります。強くすることばかりに傾倒しすぎてはいないか、という反省があります。確かに、競技強化に特化しすぎて、心身の発達を考慮し、障害を防止するための医科学的サポートを導入するという概念が不十分だったかもしれない。ですから、この部分は今後、十分に注力していきたいと考えています」

実際の技術指導の部分では、少年期に合理的な美しいフォームの確立を目指すことが重要としています。上野氏によれば、力学的に理にかなった美しいフォームは、浮力の獲得と下半身の十分なキック力によって獲得できるといいます。

「浮力は正しい姿勢を維持することで得られます。ただし、これは非常に微細なコントロールが関わるので、一朝一夕に身につくものではありません。本来は、神経系の発達が著しい少年期にじっくりと正しい姿勢づくりに取り組んでほしいのですが、体格の良い早熟な子に力任せの泳法で勝ちを狙わせるような指導をしていると、なかなか熟成されません。下半身のキック力も同じで、長期的な視点に立ったトレーニングが必要です。例えば上半身を使わずに下半身で泳ぐトレーニングは、要した時間の割には距離が出ず、効率の悪い練習となってしまうので、どうしても現場では敬遠されがちです。しかし、この二つとも、将来、選手を大成させようと思うなら、本来とても大切なトレーニングなのです。目先の結果だけでなく、こうしたトレーニングを重視しながら、どれだけ先を見通した指導ができるか、それがポイントになるでしょう」

未来の大器を育てるためには、長期的視点が必要です。しかし、それでも目前の勝ち負けに固執する環境は後を絶たず、それは上野氏ら強化委員の悩みの種だといいます。特にアテネ、北京と連続金メダリストに輝いた北島康介選手の影響は大きく、第一生命が調査した「将来なりたい職業」（1999年5月発表）では「水泳選手」が1989年の調査開始以来、初めて7位にランクインしました。こうした世相の中、「我が子を第二の北島に」と熱を上げる親が増え、コーチに「どんな厳しい指導をしてもよいので勝たせて」と要求する声も増えているとのこと。

「北島の栄光の部分ばかりを追い求めようとするのです。『北島のような立派な人間に育てたい』と言ってもらえれば、まだいいのですが、そうではなく、『北島のように注目されて有名になりたい』というところに視点が定まっているのです。『世間に一旗揚げたい』という手段として水泳を考えている。そういう人たちは、人と自分を比べることばかりに関心があるから、始終、勝った、負けた、と結果にこだわり、自分より優れた者に対してねたみ、ひがみ、というネガティブな感情を抱く。そんな環境から育った選手が、私たちの掲げる『人間的な完成度の高さ』を追究する境地に到達できるとは思えません」

本当に強く、立派な選手になるためには何が必要なのか。この大切なメッセージを伝搬するためには、「やはり影響力の大きな人物に語ってもらうことが一番」と上野氏は語ります。その意味で「北島には伝道師として積極的に活動してほしい」と望みます。上野氏は同時に、過去、世界の第一戦で活躍されたスイマーたちの助力を活用するプランもあると言います。

「すでにリタイアされた方々に再びプールに戻って指導していただくのです。頂点を極めるために努力された方々の考え、言葉、行動とはどういうものなのか、スイマーとして高まることとはこういうことなのか、言って聞かせるより百聞は一見にしかずで、直接、触れ合えば直に体感できる。また、そういう方々は優れた実績を残すだけのノウハウも持っておられる。そうした財産を活用しない手はないと思うのです」

近年のオリンピックで好成績を残している競泳ですが、その実績は技術、トレーニングの進化ばかりではなく、思考、言動、態度など人としての振る舞いを見直す意識改革によってもたらされた部分がありました。奇しくも、同時期に取材させていただいた柔道でも、柔道に対する姿勢、意識の改革が強調されていました。レスリングも同じで、メダリストたちの示した高い意識を醸成していくための環境づくりが語られました。

日本人アスリートの中で、最も国際大会で実績を残しているこれら三つの競技で、今後、同様の実績を維持していくために大切なことは技術、体力の強化ではなく、人間としての器を広げることである、という趣旨の指摘がなされたことは、非常に興味深いと思います。技術、体力、戦術を高め、極限の世界を追求するには、結局、小手先の技術論ではなく、人としての総合的な力量が問われるということなのでしょう。また、三つの競技のすべてで、少年期に勝利第一主義に走ることが、結果としてトップアスリートの競技力向上を阻害することになる、という指摘がなされています。国際的に最も結果を出している競技団体の関係者が揃って、少年期の過度なトレーニングと、勝負に固執する少年スポーツの在り方を批判しています。こうした警告を、私たちは重く受け止めなければならないと思います。

4——世界との差を縮めるための試行錯誤

前項までは、21世紀以降のオリンピック3大会に日本から参加した種目のうち、メダル獲得数が多かった種目、国際的な競技力の高い競技に焦点を当てました。ここでは視点を変え、少年プレーヤーの数が多い、広く普及している種目に焦点を当てていきます。ここで取り上げる三つの競技は、他の種目に比べて、とりわけ多くの少年プレーヤーを有しますが、その一方で、国際的な競技力の向上という部分ではとても苦労をしている種目でもあります。それぞれの種目で、少年世代の普及と強化は、どのように考えられているのでしょうか。

学校体育中心の体制の限界か……バレーボール

バレーボールは全国に約9万3千人の少年・少女選手を抱えていますが、うち約8万人が女子（2008年登録数）という、女子に根強い人気のあるスポーツです。

女子バレーボールは世界選手権で1962年、67年、74年に優勝、オリンピックでは64年東京大会、76年モントリオール大会に優勝と、60年代、70年代にはめざましい活躍をしましたが、78年の世界選手権で銀メダルを獲得して以来、世界選手権でもオリンピックでもメダルから遠ざかっています。２０００年シドニーオリンピックでは出場権を逃してしまいました。近年では02年世界選手権13位、04年アテネオリンピック5位、06年世界選手権6位、08年北京オリンピック5位と、復調の兆しはあるものの、かつての栄光を再びという夢はかなえられていません。

バレーボールでは、小学生時代は地域のクラブチームに所属しますが、中学、高校に進学すれば学校のバレーボール部に所属するという、旧来の体制が維持されています。他の競技でも繰り返し指摘されているように、こうした学校区切りの体制では一貫した指導環境が整わず、長期的視野に立った国際的な選手の育成に支障があるという意識を持つ人はバレーボール界にも少なくありません。そこで日本バレーボール協会（ＪＶＡ）は２００３年4月、北京オリンピック以降の代表選手育成を目的としたバレーボールアカデミー「貝塚ドリームス」を開設しました。小学6年生の8月に実施される選考会で選抜された選手が翌年4月、中学1年生になると同時にアカデミーに所属し、全寮制の生活を送りながら近隣の学校に通学、放課後はＪＶＡのナショナルコーチングスタッフの指導を受けるというシステムです。

このシステムを立ち上げたことで、優れた中学生年齢の素材を集中して強化することが可能になりました。また、選手の選抜は個人参加のトライアウトで実施されるので、所属チームが全国レベルの大会に参加できず、従来ならナショナルコーチの目にとまるチャンスが少なかった選手も、着実に拾い上げることができるようになりました。しかし、アカデミーとして活動できるのは中学生の間のみで、高校進学と共に選手はそれぞれに強豪校に分かれていきます。本来ならこのシステムを高校年代まで継続させたいと、ＪＶＡ強化事業本部の成田明彦氏は語ります。

「貝塚ドリームスは選抜チームではありますが、単独チームとしてＪＯＣ全国都道府県対抗中学バレーボール大会に出場が許されています。しかし、高校の大会では、そうしたチームを受け入れる体制ができていない。アカデミーのチームとして継続して活動したとしても、出場できる大会がないのです。そのため結局、高校生になると選手はどこかの強豪高校に所属せざるを得なくなる。そうなると、選抜選手として集めて合宿できるのも年に4日間程度。これでは、私たちの目指していることが道半ばで終わることになってしまいます。優秀な素材を長期的に一貫指導する環境をつくりたいのですが、高等学校体育連盟（高体連）を基盤とした学校スポーツの力は依然強く、従来の大会形式を変えることに対して同意を得ることは簡単ではありません」

確かに、長い間、日本のバレーボールの強化を支えてきたのは学校単位のバレーボール部でした。「女子の場合、15歳から19歳まではアジアでもトップクラス、中国にも勝つ力がある。

世界大会に出てもベスト8以上のレベル。この年代に限って言えば完成度は高いのです」（成田氏）という実績を支えているのが、高校バレーであることは言うまでもありません。しかし、高校生年代までは中国を破り、世界で活躍していても、彼女らが成人した後にナショナルチームの試合になると、中国にも勝てなくなり、世界のトップクラスにも後れを取るという現実があります。こうした事実を客観的に見れば、やはり高校のバレーボール部に所属する以外に高い競技レベルでプレーする環境がないという体制を改革していく必要があると思われます。

体制の改革と同時に、実際の指導で活用される指導プログラムについても、より英知を集結させる必要があるでしょう。各年代の選手たちに、どういうタイミングでどのようなトレーニングを実施していけばよいかという、ＪＶＡとして体系だった指導指針を整備することも急務と思われます。その点について成田氏は次のように語ります。

「年代別の指導指針については、作成に着手はしていますが、実現していないのが現実です。プログラム作成のメンバーには実績のある有力な指導者も含まれるのですが、彼らが経験上、日常の指導の中で重視したいとする部分と、協会が長期的視点で重視したいと強調する部分とが、折り合わない箇所があるのです」

スポーツの指導力は結果で判断される部分もあります。成田氏が「実績のある有力な」と形容したのは、大会の優勝経験の多い指導者なのでしょう。確かにチームを勝たせることも大切な仕事ではありますが、中学生、高校生といった、育成年代、成長を次の世代につなげていかなければならない世代の指導に関しては、その年代ごとに必要な要素を的確に指導するという役割も重要です。15〜19歳の実績が成人チームの国際的なレベルアップにつながりにくいという現実がある以上、指導者の「勝たせる」能力ばかりでなく「育てる」能力を評価する基準も望まれるのではないでしょうか。

「これまでのように、指導者に対して『勝たせるから優秀である』という視点だけでなく、今後は『きちんと育てて次につなげるから優秀である』という視点も持たねばならないでしょう」

成田氏はこう語りますが、「高校バレー」という世界が堅固にできあがっている環境に手を加えていくことは容易ではないでしょう。高校バレーはテレビ局と結びつき、スポーツビジネスとして維持されている部分もあります。しかし、そうして日本国内で完結することばかりに腐心していては、国際的な競技力は伸び悩むばかりです。バレーボール界の改革に期待しましょう。

少年時代の活動は教育と断言……ミニバスケット

ミニバスケットボール連盟には2009年現在、全国に約9000チーム、15万人の少年・少女選手の登録があります。ミニバスケットボールの兄貴分である男子バスケットボール日本代表は1936年のベルリンオリンピックに初出場し、50年代から70年代にかけて計5回のオリンピックに出場しましたが、76年のモントリオール大会に出場して以来、30年以上も出場権を逃しています。世界選手権も63年以来4回の出場ですが、最高成績は67年の11位です。女子日本代表はオリンピックでは76年モントリオール大会、96年アトランタ大会、2004年アテネ大会に出場し、モントリオール大会では5位に進出しています。世界選手権には1964年の初出場以来、2006年大会までの12大会中10大会に出場、75年には準優勝の快挙を為し遂げています。

一時期、女子が活躍した時期はあるものの、日本人の体格的なハンディキャップもあり、日本のバスケットボールは男女とも、世界レベルでの競技力強化に苦戦している状況です。この現状をバスケットボール界ではどのように分析し、また、それに付随してジュニアの強化をどのように考えているのでしょうか。日本バスケットボール協会特任委員であり、日本ミニバスケットボール連盟理事長でもある西山充氏は次のように語ります。

「一つの要因として、長期ビジョンの不足ということが挙げられるでしょう。中学、高校の指導者が大会の勝利を目指す中で、どうしても走れる子、動ける子を中心にチームをつくってしまう。身長の高い素材がいても、日本人の場合、一般的に動作が緩慢な場合が多いですから、彼らに対する丁寧な指導は後回しになりがちです。そうした中学、高校の環境を経て、成人のチームとして国際競技力を考える段になると、今度は身長の問題が出てきます。海外のチームに対抗するために大型の選手が必要ということになる。しかし、日本の大型選手は中学、高校時代に概して十分な指導を受けていない例が多く、成人になってサイズでは対抗できても技術、戦術の部分で海外の選手に対抗できない場合がある。このように、少年時代に目先の結果にとらわれることで、強化のベクトルが乱れていることが低迷の原因の一つと言えるでしょう」

そうした現象を解消する手段の一つとして、日本バスケットボール協会（JBA）では2002年、一貫指導を趣旨とする「エンデバーシステム」を開始しました。このシステムでは12歳以下（U—12）、15歳以下（U—15）、18歳以下（U—18）の各世代の優秀な選手を、地区、都道府県、地域ブロックで選考、強化し、最終的にはナショナルレベルの強化選手につなげていくというものです。この方式はすでにサッカーなどが先行させていますが、JBA独自のコンセプトとしてU―18では、男子195㎝以上、女子182㎝以上の選手は、技量にかかわらず必ず推薦しています。国際試合に必要な大型選手を、時間をかけてしっかり育てようとする試みです。

さて、そうした中学生、高校生以上のバスケットボールの競技力強化と、小学生が対象となるミニバスケットボールとの関係はどのように整理されているのでしょうか。その点に関して、西山氏は毅然とした口調で次のように断言します。

「私たちは、ミニバスケットボールは教育スポーツというとらえ方をしています。バスケットボールの競技力強化という部分とは、はっきりと一線を画するという考えです」

ミニバスケットボールに限らず、多くの少年スポーツでは、第一義として競技力強化よりも教育的意義が語られます。その中には、実際に非常に教育的配慮の行き届いた指導をする例もありますが、その一方で多くの現場で勝利第一主義が横行し、少年スポーツの理想、理念とはほど遠い活動内容が展開されているのも事実です。ミニバスケットボールでは、子どもたちがそのような事態に巻き込まれることのないよう、さまざまなルール上の配慮がなされています。

まず、チームをつくる場合、構成メンバーの在籍する学校が5校以上となる場合は、全国大会にエントリーできない決まりです。これは、チームを強くするために能力の高い子を複数の学校から集めることを制限するために設けられたルールです。近年、少子化でチーム編成に苦労する場合もあり、やむを得ず複数の学校の子どもでチームをつくる場合もあるので、子どもの在籍校は4校までは認められています。4校の根拠について西山氏は「一つの中学校区に小学校が3〜5校というのが一般的な状況。ですから、中学校区一つ分なら、それぞれの小学校から子どもたちが無理なく通える範囲ということ」と説明します。

試合の進め方にも独特の配慮があります。ミニバスケットボールは1クォーター6分、4クォーター制です。その4つのクォーターの中で、10人以上の選手が必ず出場しなければならない決まりになっています。しかも、ただ出場させることを義務づけるだけでは、能力の低い選手を最後の1分だけ出すというような手段を講じる指導者も現れかねないので、規定はさらに厳しく細分化されています。すなわち、まず第3クォーターまでに10人全員を出場させること、次に、一つのクォーターの中では選手交代は認めないこと、さらに、一人の選手が3つのクォーターを連続して出場してはいけないこと、などです。

こうしたルール上の配慮を加えることで、運動能力の高い子ばかりが圧倒的に手厚い恩恵を受けるという環境は制限され、できるだけ多くの子どもたちが力を合わせてチームをつくるという経験が保障されます。地域の仲間、同じ学校の仲間とのつながりを大切にし、生来の能力に差があっても互いに補い合いながら協力する経験を重ねていくことが、やみくもに競技成績ばかりを追い求めていくことよりも、少年時代には、はるかに重要であるとする理念がミニバスケットボール連盟にはあるのです。

「もちろん、中にはそんな面倒なルールを撤廃して、競技力だけに特化して真の実力日本一を決めようなどという勢力もあります。しかし、少子化ですべての少年スポーツの競技人口が減少している現在、ミニバスケットボールは参加する子どもの数も、チームの数も年々増えています。私たちは、その要因は、こうした子どもの成長、発達、心理に配慮した、教育的意義の高い環境設定をしているからと自負しています。少年スポーツの環境づくりとして、競技力向上に特化していくことと、どちらが大切なのか、自ずと答えが出ているのではないでしょうか」

こうして競技性に偏ることなく、バスケットボールをする楽しみを味わえる子どもの数をできるだけ多く確保することは、一見、才能のある子を埋没させ、トップレベルの強化に逆行するかのような印象を受けます。しかし、愛好者が増えることでバスケットボールの裾野は確実に広がり、やがてその広がりの中から田臥勇太、五十嵐圭のような逸材が発掘されるかもしれません。彼らのような優れた人材が他のスポーツに流れていくことを防止するには、子どもたちにバスケットボールをする楽しさを十二分に満喫してもらう必要があるでしょう。

●●● 少年指導に関する改革を推進中……サッカー

サッカーは1968年のメキシコオリンピックで銅メダルという快挙を成し遂げましたが、その後、オリンピックでもワールドカップでも長らくアジア予選すら突破できない時代が続きました。しかし93年にJリーグが開幕してプロ化が実現し、94年ワールドカップアメリカ大会のアジア予選では最終ステージまで進出するなど、急速にレベルアップが進みました。日本サッカー協会（JFA）は、こうした変革と同時進行で、世界レベルの競技力を養成すべく、組織として体系だった少年期の育成システムとプログラムを開発しています。

JFAが1995年に提示した「指導指針」には、すべての日本のサッカー指導者が世界に通じる選手を育成するために同じ理想像を共有できるよう、年代別の指導のポイントがまとめられています。指導指針はその後、4年に一度改訂されていますが、世界のサッカーの変化の速さに対応できるよう、2004年からは2年に一度の改訂になりました。その指導指針を体系化して実現するために整備されたのが「トレーニングセンターシステム」です。1997年から実施されたこのシステムでは、市町村レベルで集められた優秀選手が都道府県、地域とステージアップし、最後にナショナルレベルに集約されますが、そのすべてのステージで「指導指針」に基づく指導が一貫して実施されることになっています。

こうした改革に応じるように、1995年には17歳以下と20歳以下の日本代表が揃ってアジア予選を勝ち抜き、ワールドカップに進出しています。また、オリンピック代表は96年アトランタ大会に28年ぶりの出場権を獲得しました。さらに98年、日本代表はワールドカップフランス大会に初出場を果たします。

このようにプロ化と育成システムの運用が順調にリンクしているかに見えるサッカーですが、常に試行錯誤があります。例えば「ポゼッションの強化」という指針が示されたとします。ポゼッションの強化では、チーム内でボールを巧みに保持することで、相手にボールを奪われる危険をむやみに冒さないことが重視されます。自分たちが思い描くプレーを実現させるには、まずボールを安全に保持することが先決、という考えが背景にあります。しかし、このコンセプトが徹底されすぎると、今度はポゼッションすること自体が目的のようなサッカーが目立つようになります。パスばかりよくつながるのに、誰もリスクを冒して攻めようとしないという、本末転倒の事態が目立つようになります。

また、日本全国、津々浦々、指導指針に謳われる理想像を描いて、同じ指導ポイントで同じプレーを追求していくことは、選手の技量の平均値を高めることに貢献したものの、一方で多くの選手が同質のプレーをしがちになり、あたかも規格化されたような選手が多数、輩出されるような現象も一部で見られるようになりました。周囲から「上手い」「優秀だ」とされる選手のタイプが日本中どこへ行っても同じで、評価の高い選手を集めてみれば、ほとんどが「良いパスを出すミッドフィールダー」と評される選手である、というような傾向も生み出しました。

こうした現象は、指導指針が常に海外のトッププレベルのプレーと日本のプレーとを比較し、日本に足らざる部分を抽出することからつくられてきたという経緯が反映されているのでしょう。一度にすべてのことを改善することはできません。一つの課題が改善されて、次の課題に取り組むということを繰り返すことでレベルアップは進みます。一つの課題が強調されている時期には、重視されているプレーがデフォルメされて徹底される傾向は避けられないかもしれません。

こうして、世界のプレーを睨みながら課題を提示し、現状を分析しては修正する、という作業を繰り返しながら、JFAの指導指針とトレーニングセンターシステムでの指導は改訂を繰り返してきました。そして、最初の指導指針が示されてから14年目の2009年現在、その中で最も重視されていることは「ゴールを奪うこと」「ゴールを守ること」という、実に根源的なコンセプトだと吉田靖JFA技術委員会副委員長は言います。

「もちろん、パスのスピードを高めるなど、個々のプレーに対する課題は、レベルアップしたなりに常にあります。しかし、十数年前からいろいろな課題を掲げ、クリアーしていく中で、時として細部に注意がいきすぎて、サッカーで最も根源的な『ゴールの奪い合い』という部分から意識が外れてしまいがちな部分もあった。ですから、その最も大事な部分を追求することを忘れずにいようと。すべてのプレーはゴールを奪うために、また、相手にゴールを与えないためにあるのだということをベースに、個々の課題に取り組もうということです」

そうした意識を徹底させるためには、まず少年サッカーからの改革が必要と吉田氏は語ります。ゴールの奪い合いというサッカーの原点を強く意識させるには、少年時代から実際のプレーの中でゴールを巡る攻防を豊富に体験させなければならないと強調します。

「そのために私たちが推進したいのは、少年期の8人対8人のゲームの普及です。本来の11人対11人から人数を少なくすることで、それだけ攻守の入れ替えが激しくなり、ゴール前の攻防が増えることが期待できます。人数が減った分、一人ひとりの子どもがボールに触れてプレーに関わる回数も増えてくる」

同時にJFAでは、小学生から高校生まで、すべての年代の大会にリーグ戦の導入を推進させたいとしています。各年代とも、全国大会とそれにつながる地方予選のほとんどは、伝統的にトーナメントで競われてきました。しかし、トーナメント中心の大会環境では、「ゴールを奪う」「ゴールを守る」というコンセプトが徹底しにくい部分があると吉田氏は言います。
「トーナメントは一発勝負ですから負けたら終わり。だから、どうしてもリスクを負ってチャレンジすることよりも、堅実に勝つ方法が重視されることになります。リーグ戦なら、複数の試合の中で試すことが可能になります。トライしてうまくいかなかったことの修正もできる。ですから、なるべくトーナメントを改めてリーグ形式を増やしていきたいと考えています」

このような制度的な変革と並んで、指導者の意識改革も重要です。JFA側がどんなに環境を整え、指導指針を練り上げても、現場の指導者の意識が高まらねば制度も指針も空回りしてしまいます。JFAでは特に少年期の指導者の意識を高め、適切な指導を普及させるために、新たに「A級U―12」という指導者ライセンスを発行することになりました。

JFAの公認指導者ライセンスは「キッズリーダー」「D級」「C級」「B級」「A級」「S級」の6種類があり、それぞれが規定の講習や研修の後に検定試験をパスすることで資格取得できます。各資格にはそれぞれ、資格取得者が指導する対象が想定されていて、少年期の指導は基本的には「D級」が相当とされています。新たに発行される「A級U―12」は、本来ならプロ選手のサテライト（2軍）指導、あるいは成人アマチュアの全国リーグ・JFLレベルの指導が相当とされる「A級」のライセンスを、12歳以下の少年指導者にも与えようとする試みです。「ＪＦＡではそれだけ少年期の指導が重要であると認識し、優秀な少年期の指導者育成に力を入れているわけです」（吉田氏）。

育成は5年、10年経たねば成果が確認できない地道な作業です。一方で、短期促成の指導をし、目前の大会で結果を出している指導者がメディアで名将などと祭り上げられる現実があります。日本サッカーのレベルアップを念じ、長期的視点に立って育成に尽力している良心的な指導者が注目される機会はなかなかありません。しかしＪＦＡでは、そうした草の根の優れた指導者にも感謝の意を表明しようとする「ブルーペナント」という表彰制度を開始しました。選手が日本代表に選出されると、幼稚園から高校、大学まで、その選手が所属してきたすべてのチームの指導者に対して、育成の感謝の意を込めて日本代表のペナントを贈呈するというものです。

「このことで、育成する喜びというものを感じていただきたいのです。勝敗の実績だけではなく、日本サッカーの将来を考えて選手を育成してくれた人には、やがてこういう形で自分の指導の方向性の正しさが確認できるのだと。目先の勝敗にとらわれずに、少年たちに良質の指導をすることへの動機付けになってもらえればと考えています」

指導指針の改訂、試合方式、大会方式の変更、ライセンス制度の改革など、ＪＦＡは少年期の環境改善に対して、他の種目に先んじて積極的に行動しています。その成果が、日本のサッカーのレベルアップとして表れる日を楽しみにしましょう。

chapter

5

スポーツが育てる「よい子」とは

1――自分で決めることができる子になれ

なぜ自信を持って意思を表明できない

第3章でも触れましたが、近年、中高生からプロ選手まで、日本の若いサッカー選手がゴール前の決定機で思い切りよくシュートせず、パスばかり回しているという姿が気になります。シュートはサッカーのプレーのハイライトであり、シュートを巡る攻防はサッカーの最もエキサイティングな場面の一つです。それでも、選手たちは、よほどの好機でない限りパスに徹し、自らシュートするプレーを決断しようとはしません。シュートという重要な仕事は人に預けて、自分はパスをすることで「お膳立ての役割だけはきちんとこなした」とでも言いたげなプレーです。私には、それは矢面に立ってリスクを含んだ行動を取るより、逃げ道のある安全な方法を選択するという意識の表れに思えてなりません。

私は仕事柄、さまざまなスポーツ種目の関係者と関わりを持たせていただきますが、やはり同様の傾向はサッカー以外の種目でも近年、散見されるようです。ある少年野球の指導者は、「いい肩をして速いボールを投げることができるのに『ピッチャーはいやだ』という子がいて困る」と嘆いていました。「勝つときはヒーローになれるが、打たれて負けたときに、自分の責任が明らかになるポジションだから、ということのようです」と語っています。このように、自分の行動が重要な意味を持つ場面を極度に恐れ、なるべく自分を傍観者的な立場に置きたいとする傾向が子どもたちに目立つことは、多くのスポーツ関係者が指摘しています。

もちろん、私自身もサッカーの指導を実践する中で、それらの傾向は毎日のように体感しています。決断を迫られることを避け、自分に逃げ道を確保したがる傾向はプレー中のみならず、少年たちの日常の言動にも表れます。例えば、問われたことに対して、明確に自分の判断を加えて「はい」あるいは「いいえ」で答えることができない子によく出会います。そういう子の答えは決まって「多分……」あるいは「微妙……」と内容をぼかしたものです。こちらが再度確認しても絶対に「はい」か「いいえ」は言わず、「わからないけど、そう思う」というように、傍観者的な反応を示します。自分の発言内容に逃げ道を確保しようとするのです。

もちろん、こうした言葉の傾向は、物事を論理的に記述する力が低下し、感覚的に表現する風潮が広まっているという社会環境の影響もあるでしょう。子どものみならず、いい年をした大人が、物事をきちんと記述せずに「……的」「……感覚」などと曖昧に表現することが増えています。イエス、ノーと論理的に断定するよりも、自分の表現したい概念をイメージ、雰囲気として伝える、という感覚が日常化しています。ですから、そうしたことを斟酌して、こちらが会話の中でうまく考えを引き出そうと、いろいろと言葉を変えて問いかけても、「多分……」「わからないけど……」が繰り返し連発されるのです。

態度も言葉も、明確に色づけをすること、明確な枠組みを示すことを避けたがる。自分が話すこと、為すことが、決定的な意味を持つことを必要以上に恐れる。子どもたちからは、そうした傾向が見えてきます。では、彼らは本当に心から責任を負う立場になることを極端に怖がり、決定的な発言、仕事はできるだけ人に委ね、可能な限り無色透明な存在でありたいと願っているのでしょうか。そうでもないと思われる節があります。自分の周囲に、注目される立場、リーダーシップをとる立場を進んで引き受けようとする仲間が出てくると、今度は「目立ちたがる」「しゃしゃり出る」といった表現で、それをネガティブにとらえることも少なくないのです。

こうした羨望、嫉妬に近い心理は、なぜ形成されるのでしょう。本来なら、自分も華やかに目立ち、注目を浴びたい、しかし、それを実践しようとしても、できない自分がいる、という現実があるからでしょう。本来の希望と現実の狭間で忸怩たる思いをしている時に、なんの迷いもなく目立つ立場に立つ仲間が出てくると、それがとても羨ましく思えるのでしょう。さらに、躊躇する自分を尻目に、その仲間が積極的にリーダーシップを発揮し出すと、今度はそれが妬みに代わってくるのでしょう。「では、君も同じように、思い通りに行動すればいい」と言われても、思い切って決断することができないから、余計に歪んだ心理が増長されていくのでしょう。

ここから推測できることは、子どもたちは目立つこと、注目を集めることが、根本的に嫌いなのではない、ということです。むしろ、できるなら目立ち、責任ある仕事をこなして注目されたいと思っているのです。しかし、目立ち、注目されるチャンスが巡ってきても、それを自ら引き受ける決断ができないのです。

少年たちは、本当はそうしたいのに、なぜ、リーダーになったり、注目を集める役を担う決断ができないのでしょうか。私は、それは、なぜ、少年たちがイエス、ノーと自信を持って答えられないのか、ということと同じ根を持っている問題だと思います。さらにそれは、少年たちはなぜ、シュートのような決定的なプレーを避けるのか、なぜピッチャーのような重要なポジションを避けるのか、ということにつながっているのではないかと思うのです。

人は誰でも、自分の行動、言動のためにネガティブな結末が引き起こされるということを嫌います。しかし、スポーツとは常に、成功と失敗の可能性が50％ずつ用意されている、結末が不確定な行為です。失敗の50％を恐れているばかりでは、スポーツは心から楽しめません。シュートミスを恐れてシュートをしないサッカーなど、本来、プレーしていて面白くないはずです。それなのに、なぜ子どもたちは、それほどまでに、ネガティブな結末が示されることに恐怖を抱くのでしょう。それは、彼らが育つ過程で、そのような心理が自ずと形成されるような環境に繰り返し置かれてきたからに他なりません。

勝利第一主義、結果第一主義の果てに

スポーツにはミスがつきものですし、日常生活には失敗が溢れています。その意味で、ミスや失敗は日常的なものであるのに、なぜ、少年たちは自分の行動、言動が判断ミス、失敗、敗戦などネガティブな結末に結びつくことを、極端に避けたがるのでしょうか。

私は、それは彼らが幼少期から勝利第一主義のスポーツ環境に浸かり切り、負けること、あるいは負けにつながるミスをすることを厳しく戒められてきた経験を重ねているからと考えています。自分の発言、行動がネガティブな結末を招いてしまった時に、とても辛く、苦しい思いをすることを繰り返しているからです。「もうあんな思いは御免だ」と感じているからこそ、同様の場面に遭遇した時に、自分の心理的崩壊を守るために、逃げ道を確保した

方法を選択するのです。

負けた時にひどく叱責される、あるいは、敗戦、劣勢の戦況につながるようなミスをした時に、厳しく戒められる、そのような経験を繰り返し続けていれば、誰でもそのような体験を避ける「保身」の術を身につけようとします。それは、失敗の可能性のあるプレーを極力避け、無難なプレーを選択するという行動になります。シュートミスをして「しっかり決めろバカヤロウ」と怒鳴られ、「ヘタクソ」となじられ「あそこで決めなかったからだ」と後で指摘されるくらいなら、初めからミスの可能性の少ない安全なパスを回しておけばよい、という行動になるのです。

ハーターという学者が意欲と評価との関係を探る興味深い実験を行っています。実験の対象となったのは小学校6年生にあたる年齢の子どもたちで、彼らはアナグラム課題を与えられます。アナグラム課題とは、いくつかの文字を組み合わせて意味のある単語をつくるものです。例えば「ち・う・ん・え・ゆ」を並べ替えれば「ゆうえんち」という単語になります。用意されたのは3文字、4文字、5文字、6文字の4種類の課題です。子どもたちは計8つの単語をつくらねばなりませんが、その8つは3文字から6文字までどのレベルの課題を選んでも構いません。すべて簡単なレベルを選ぶか、簡単なものと難しいものとを混ぜるか、すべて難しいものにするか、子どもたち自身に委ねられるのです。

子どもたちは二つのグループに分けられました。一つのグループには「これは単なるゲームです」と告げられます。もう一つのグループには「課題の出来によって優、良、可、不可の成績評価があります」と告げられます。課題を行った結果、「ゲームです」と告げられたグループの子どもたちは、平均して5文字以上の課題を選んでいましたが、「評価されます」と告げられたグループの子どもたちは、平均して4文字以下の課題を選んでいることがわかりました。

子どもたちは、評価を受けることによって、リスクを含む行動を自ら制限してしまいました。こうした傾向は、私たちの誰にでもありますが、勝利第一主義のもと、毎日、監督・コーチの評価のまな板に乗せられているような生活を続けていると、リスクを回避したがる傾向はより一層高まるのではないでしょうか。勝利、記録、結果、というプレッシャーに晒され、自分の行動がそれらと直結する環境が日常化していると、いずれ、リスクを含むプレーに挑戦しようとする意欲は失われていくことでしょう。

幼少期から勝利、記録、結果を残すことばかりを追求する環境では、ミス、敗退ほど嫌われることはないのです。また、それらにつながる原因が自分にあると指摘されることほど、恐ろしいことはないのです。そんな環境の中で子どもたちは、純粋な向上心、達成感への渇望に動かされるのではなく、勝利、記録、結果を残すために相対的に何が得策か、というバランス感覚の中で動くようになるのです。
サッカーでもバレーボールでも、日本代表チームの国際試合を見ていると、最も大事な場面、決定的な場面での「勝負弱さ」が目立ちます。「ここを決めれば…」というシーンで、ことごとくミスをしてチャンスを逃すのです。一方、対戦相手の海外のチームには、そうした場面で憎らしいほど決定力のある選手がいます。なぜ日本にはそういうタイプの選手がいないのだ、と毎回悔しい思いをします。しかし、冷静に考えてみれば、日本の選手たちは成長過程で、決定的な場面を数多く与えられ、そこでリスクを背負ってチャレンジするという経験を十分にこなしていないからこそ、長じても決定的な場面で仕事ができないと考えれば、納得がいくのではないでしょうか。

少年期に決定的な仕事をリスクを背負ってこなす訓練が、日本のスポーツ界で十分になされないのはなぜでしょう。それは、彼らを集めたチームが、明日の試合、今度の大会で手堅く勝利を得るための術を徹底するからであり、チームづくりにもリスクを避けた戦術、戦法が好んで導入されるからであり、そうした環境の中で、子ども自身がリスクを避ける処世術を身につけていくからです。

言い換えると、多くの日本の少年スポーツでは、少年期からあまりに勝利第一主義が蔓延しすぎていて、目先の勝利を重視するあまりに、敗戦、失敗を恐れずに大胆に挑戦すること、リスクを背負った決断をすること、挫折を重ねながら長期的視点で成長すること、などが軽視される傾向が強いのです。それは、選手、チームを「その年代で勝つ」ために、小さくまとめてしまう行為です。そうした育成環境からは、その年代で勝つ選手、チームは輩出されるかもしれませんが、不確定な結末にリスクを恐れずチャレンジする選手は育ちにくいでしょう。

チャレンジすることの意義を説け

私は、子どもたちにリスク回避のプレーをする傾向があることと、選りすぐられた日本代表のアスリートが国際試合で決定力を欠くこととには、同一の原因があると思っています。それを改善していくためには、まず、少年期の勝利第一主義を戒めなければなりません。

誤解のないようお断りしておきますが、私は少年スポーツの指導の中で、常に勝敗を度外視しろと言っているのではありません。スポーツは勝敗を争うものですし、勝利を目指すことはスポーツの本質です。強い勝利への渇望は、スポーツの上達のための大事な要素です。ただ、その勝利を目指す過程で、失敗、敗戦のリスクを恐れるあまりに、未確定な領域にチャレンジする意識を減退させるような指導をしてはいけないと思うのです。チャレンジしてミスに終わった時に、それを非難するような指導を繰り返していれば、少年たちはやがて無難なプレーばかり選択するようになるからです。

繰り返しますが、そもそもスポーツとは不確定要素に満ちた場面が連続する行為であることを忘れてはいけません。その不確定な結果を前にして、次にどんなプレーをするかプレーヤー自身が判断、選択する中にスポーツを享受することの本質が隠れています。スポーツとは、自己判断、自己決定という、個としての自立性が強く求められる行為なのです。言い換えると、スポーツを行う人は、本来、決断力、挑戦の意欲、勇気、といった要素を伸ばしていくはずなのです。それなのに、スポーツを行いながら、リスク回避、責任転嫁といった、それとは反対の要素ばかり助長しているのが、現在の日本の少年スポーツの環境であるように思えてなりません。

無難なプレーばかり続けて相対的に良い成績を挙げていっても、不確定な結末に対して挑戦するという、スポーツ本来の醍醐味を味わうことはできないでしょう。また、リスク回避を最優先させるようなプレーを続けていても、スポーツを通じて自分の能力を向上させていく喜び、自分が自分の殻を破って成長する喜びは十分に感じられないでしょう。また、やがてその中から成長した選手が、日本を代表する立場になり、国際試合に臨んでも、強い意志が試される場面で決断力を発揮することができず、また、伸るか反るかの場面で勝負強さを示すことはできないでしょう。

第1章—3で、ドゥエックという学者が子どもに対して行った実験を紹介しました。常に無難な成功ばかり繰り返している子どもは挫折に弱く、自分の能力を伸ばし切れないこともある一方で、適度に挫折をしながらそれを乗り越えていく子どもは、より潜在能力を伸ばしやすいという結果が示されました。人は無難にうまくいくことばかりを繰り返していても、能力を向上させる力は養われないのです。チャレンジして挫折し、それを乗り越えていくという体験が必要なのです。小さくまとまることを繰り返していても、大きな飛躍は期待できません。

私は、子どもたちに、スポーツを通じて決断力をつけ、自分の考え、自分の意見、自分のイメージするプレーを、失敗を恐れずに表現する力を身につけてほしいと思っています。そのためには、少年スポーツに関係する大人たちが、子どもたちのミス、失敗を受け止める大きな度量を持つ必要があります。チャレンジすることを恐れず、ミスに萎縮しない環境をつくることが必要です。ネガティブな評価を心配することなく、チャレンジをしては挫折を乗り越えていくという環境が用意できれば、日本の子どもたちのプレーはもっと違ったものになり、また、トップアスリートの決定力もより頼もしいものに変化するのではないでしょうか。

その環境づくりは、さほど難しいことではないはずです。少年たちに、チャレンジする楽しさを満喫させればいいのです。不確定の領域に挑み、不安に打ち勝つ勇気を育てる場を与えればいいのです。挫折しても乗り越えていく克己心を養成する機会を与えればいいのです。そのために、私たち大人は、もう少し勝敗、記録、成績に対して寛容になればいいのです。少年たちが自分で悩んで決断し、挑戦したことを、結果にかかわらず評価する視点を持てばいいのです。挫折を乗り越えることこそ、人として価値のある行為なのだと思える環境を整えればいいのです。

大人の顔色をうかがいながらプレーすることを続けても、自分の判断を押し殺して指示通りに動くことを続けても、また、ミスを恐れてリスク回避のプレーばかり続けても、本来、スポーツで養成されるはずの精神は育ちません。私たちはスポーツを通じて風見鶏的な行動を取る人間を育てたいのではありません。私たちは、スポーツを通じて、困難に自ら立ち向かい、自ら決断できる心の強さを持った人間を育てたいのです。

2――自己コントロールできる子になれ

近代スポーツの成り立ちと理性

私はこの本の中で、繰り返し、スポーツマンは自己コントロールの力を高めてほしいと訴えました。子どもたちにスポーツを通して身につけてほしい最も大事な力も、自己コントロールだと思っています。それは、そもそも私たちが今、享受しているスポーツそのものが、自らを律し、理性ある人間として崇高な精神性を追求することを願って整備されたものと理解しているからです。

有史以来、人間がスポーツ的なものを楽しんできた記録はさまざまな形で残っています。第1章―2で紹介したように、労働、生活とは別の次元で余暇として楽しまれた身体活動は、数千年前から存在していたようです。そうした原初的なスポーツ的活動を、現在、私たちが親しんでいるような形式に整えたのが19世紀のイギリス人です。それは古来のスポーツ的活動と区別するために、特に「近代スポーツ」と呼ばれます。

近代スポーツと定義されるための条件は三つあります。一つは統一されたルールのもとでプレーされること、二つ目は、統括する団体（協会、連盟など）が設立されていること、三つ目はその団体が主催する大会が開催されることです。19世紀のイギリスでは種目ごとの統括団体が次々に設立されて、私たちが現在、楽しんでいるスポーツの形式が整えられていきました（表5—1）。

統一ルールを規定し、近代スポーツの形式が整えられる過程で、重視されていたことがあります。それは、それまでに実施されていたスポーツ的な活動から、できるだけ前近代的な要素を排除し、科学性、論理性など近代的な概念を重視した活動に変貌させるということです。

例えば、現在、世界で最も広く普及しているスポーツであるフットボール（日本ではサッカーと呼ばれていますが、ここではフットボールとして進めます）は、1863年に統一団体 The Football Association（FA）が設立されました。それまでのフットボールは、非常に激しく危険な活動で、野蛮と表現しても言いすぎではないものでした。地域ごとに勝手なローカルルールで行われていたフットボールは、けが人は当然、死者が出ることさえ珍しくない非常に危険な行為だったのです。そもそも「フットボール」という表現が文字で歴史に残されている最古のものは、1314年、時の国王エドワード二世によって発布された禁止令の中で

表5-1　イギリスで整備された近代スポーツの組織

P.C. マッキントッシュ（石川亘、竹田清彦訳）『スポーツと社会』不昧堂出版、1970年

スポーツ	最初の全国的組織	設立年
競馬	ジョッキー・クラブ	一七五〇
ゴルフ	ロイヤル・アンド・エンシェント・クラブ	一七五四
クリケット	メリルボーン・クリケット・クラブ（MCC）	一七八八
登山	アルパイン・クラブ	一八五七
サッカー	フットボール・アソシエーション（FA）	一八六三
陸上競技	アマチュア・アスレティック・クラブ	一八六六
	アマチュア・アスレティック・アソシエーション	一八八〇
水泳	アマチュア・メトロポリタン・スイミング・クラブ	一八六九
ラグビー	ラグビー・フットボール・ユニオン	一八七一
ヨット	ヨット・レーシング・アソシエーション	一八七五
自転車	バイシクリスト・ユニオン（Bicyclist's U.）	一八七八
スケート	ナショナル・スケーティング・アソシエーション	一八七九
漕艇	メトロポリタン・ローイング・アソシエーション	一八七九
ボクシング	アマチュア・ボクシング・アソシエーション	一八八〇
ホッケー	ホッケー・アソシエーション	一八八六
ローン・テニス	ローン・テニス・アソシエーション	一八八八
バドミントン	バドミントン・アソシエーション	一八九五
フェンシング	アマチュア・フェンシング・アソシエーション	一八九八

した。

1863年にFAが設立され、統一ルールの整備が進められた時、そのような過去の経緯を認識した上で、新しく整備されるルール内容について二派の主張が激突しました。一つはプレー中にボールを手で扱うことを制限する主張、もう一つは、ボールを手で扱うことを制限しない主張です。実は近代スポーツ成立以前のフットボールは、現在のサッカーとラグビーが混在するような形で、足を使ったキックはもちろん、手を使ったキャッチ、スローも認められていたのです。

手を使うことを制限する主張をするグループは、これまでのように手を使うプレーを許せば、フットボールから粗暴、野蛮という概念を払拭することができないと懸念しました。手を使うことを許せば、自ずと選手一人ひとりがボールを保持する時間が長くなります。その場合、ボールの周囲に多くの選手が集まり、ボールの奪い合いで危険な行為が反復されると懸念したのです。足でボールを扱うことに限定すれば、ボールは一箇所にとどまることは少なく、人から人へ、スムーズに動くので、ボールの奪い合いを巡る危険な行為は減らせると考えたのです。

折しも産業革命によって当時の先進国家に躍り出たイギリスです。世界中に植民地を設け、文化文明をリードする立場にあるイギリス人は、前近代的な行為から脱却し、科学的、論理的、近代的な視点に立って行動すべきという潮流がありました。スポーツもそうした潮流に倣って、粗暴で前近代的な要素を改め、必要以上に危険な行為が続発しない工夫が必要と主張されたのです。本能的闘争心のぶつかり合いから、理性、知性でコントロールされる行為に昇華させることこそ、彼らの念じた近代化であると信じられたのです。

一方、手の使用を認めることを主張するグループは、ボールの奪い合いを巡る激しいぶつかり合いこそ、伝統的なイギリス男子の心意気であるという論点に立ちました。危険を顧みない激しさこそフットボールの醍醐味なのだと。その醍醐味を制限するルールなど、断じて認められないという立場でした。しかし、激しい論争の末、軍配は手の使用を制限する側に上がりました。それが現在のフットボール（サッカー）につながっています。前近代的な野蛮性に代わり、近代的な合理性が勝利したのです。

ところで、手の使用を制限したフットボールのルールは、現在でもわずか17条の項目しかありません。現在、日本で使用されている公認野球規則は第一章から第十章までありますが、第一章が17条、第二章が82条、第三章が18条と、全十章の中に非常に細かな規定があります。もちろん、競技特性の違いがありますが、比較してみればフットボールのルールの数が非常に少ないことがわかります。

ルール規定が少なく、規制が少ないのはフットボールのみならず、イギリスで整備された近代スポーツの特徴です。それは、ルールという外部からの規制に頼ることなく、理性、良心を働かせることこそ、近代国家を担う人間のあるべき姿という理想があったからです。近代スポーツを推進した人々は、前近代制からの脱却を、一方では粗暴、野蛮の排除という形で推進し、もう一方では、外部から強制されずに自らを律する自己コントロール力の醸成という形で推進していったのです。

ゴルフのスコアブックは自らが記録することはよく知られています。その気になれば、いくらでも偽装することができることを、敢えてルールで規定せず、個々の良心にまかせているのです。そこには、スポーツをたしなむ人とは、そういう自己コントロールができる器でなくてはならないという理想が込められているのです。フットボールを筆頭に、イギリスで整備された近代スポーツの多くが微に入り行動をルールで縛ることを嫌い、良識、常識に基づく自己コントロールに委ねているのは、それこそが理性ある近代人のあるべき姿であると信じられたからです。

私たちが今、何気なく楽しんでいるスポーツ種目の多くには、こうした理想が込められています。自己コントロールは、近代スポーツに込められた理想の精神なのです。

バッティングは民主主義の理想の体現

さて、イギリスで醸成された精神から一転、今度はアメリカにルーツを持つ野球の成り立ちを見てみましょう。私たち日本人が野球をする時、まずキャッチボールから始めるという意識があります。手元にボール、バット、グローブという三つの道具があった場合、いきなりバットを手にしてバッティングをする日本人は少ないでしょう。多くの場合、まずはキャッチボールからでしょう。

ところが、アメリカでは少し事情が違うようです。例えば親子が、あるいは友人が、ボール、バット、グローブを手にした場合、まず誰かがボールを投げ、それを誰かが打つ、という形で遊びが始まることが多いといいます。それは、アメリカ人にとって野球は「守る」よりも「打つ」という意識が中心に置かれたスポーツだからということです。その「打つ」という行為を重視する意識は、そもそも、野球発祥の頃から培われた精神に裏付けられているというのです。

第1章―1で、少年野球の在り方について佐山和夫氏がその著書『ベースボールと日本野球』(中公新書、1998年)の中で書かれていることを紹介しました。佐山氏は同著の中で、日米の野球に対する意識の違いについても解説しています。佐山氏によれば、野球のルーツは開拓期に実施されていた「タウンミーティング」と呼ばれる地域の自治会議の後に催された余興、「タウンボール」にあるといいます。タウンミーティングは民主主義国家の育成を標榜するアメリカ人にとって非常に重要な意味を持つもので、そこで重視されたことは一人ひとりが自分の意思を明確に主張することだったそうです。

自治の会議タウンミーティングが終了した後の余興であるタウンボールの中でも、一人ひとりの参加者が各自の権利を主張する意識は継続していたといいます。そのため、タウンボールはバッターが「打つ」ことでしかプレーが連続しない形式になっており、バッティングをすることが、すなわちプレーに参加する自分の権利を行使すること、すなわち民主主義への参加なのである、という意識の中でプレーされていたというのです。非常に興味深い分析です。

タウンボールがさまざまに改変されて現在のベースボールの形式に整えられても、「打つ」ことの重要性はすなわち「自分がプレーする権利の表明」という意識に支えられました。例えばストライクゾーンという最もヒットが出やすい場所に来たボールを打ちそびれると「ストライク」とコールされます。これは、もともと「グッドボール、ストライク！」という意味で、「良いボールなのだから、打つべきだ」と、積極的にバットを振ることを促すコールだということです。逆に、ストライクゾーンを外れた場合は「ボール」とコールされます。これは、もともと「アンフェア・ボール」という意味で、投手が打者に対して打ちにくいボールを投げることが「アンフェア」であるとたしなめ、「もっと打ちやすいボールを投げろ」と要求するために使われたコールだというのです。

このように、日本で最も親しまれているスポーツである野球には、もともとバッターとしてボールを打つということが、ゲームを成立させる大前提であり、それは同時に、民主主義の中で自分の主体性を確認する行為でもあるという意識が含まれているのです。バッティングすることで、全体の中の自分を意識し、同時に個の存在意義をアピールするのです。

翻って、日本の野球はどうでしょう。私が毎年、気になるのは、甲子園の全国高校選手権で、ピッチャーが1球投げるごとにベンチの監督の指示を受けている選手の姿です。もちろん、ヒットエンドランをする、スクイズをする、といったチームとしての連動について、ナインが意思統一する必要があるでしょう。しかし、そうした判断の発信源が百パーセント監督になっていて、選手は自ら判断せずに、ただ指示に従順に従っているように見えるのです。これでは野球をしているのは選手ではなく監督なのではないか、と思うケースがあるのです。選手一人ひとりの判断、決断といったものが、そこでどのように醸成されているのかと、疑問に思うのです。

野球の原初の理念を現代の社会生活に応用して考えてみましょう。全体の中の自分を意識しつつ、自分の存在をきちんとアピールすることを常とするのは簡単ではありません。特に日本のように他人指向性の強い社会では、その困難さはより大きいでしょう。特に、運動部員とは上意下達が前提であり、監督は絶対的存在であり、選手個々の意見、判断などが入り込む余地は極めて少ないという環境がまだまだ残っている日本では、選手が「自分」というものを積極的に表現できる機会は限られます。

このように、監督、先輩、伝統といった絶対的な権威、権力によって個々の考え、行動が強く統制されている毎日では、自立した個の意思を埋没させられてしまう苦しみがある一方で、迷いなく服従する安楽も得られます。困難な場面に対峙した時、自分自身が苦しみ悩んで決断する責任を課されるよりも、他人の指示に従って敷かれたレールの上を移動することの方が心理的負担が少なく、安易な選択になるのです。

エーリッヒ・フロムという社会学者は、その著『自由からの逃走』（創元社、1951年）で、現代人が多大な情報に晒され、多くの選択肢を与えられ、判断を下すことに疲弊して、やがて権威、権力に服従することを選択する危険性があると指摘しています。強権を振るう監督の下、ただ指示されるままに動いている選手も、やがて自由から逃走してしまうのでしょうか。彼らはやがて、自らの頭で考え、悩み、決断するという回路を凍結させ、指示通り動くことに安心してしまうのでしょうか。

権威に盲従することや、指示通り動くことに生き甲斐を感じるようになれば、それはもはや、自己コントロールとは対局の概念となります。それは、近代スポーツを創世したイギリス人や、ベースボールを発展させたアメリカ人が思い描いていた理想のプレーヤー像とも対極の姿になります。

自分の頭で考え、自分の意思で自らの行動を律し、他人の視線、前例などを気にせず、少数派であることを恐れず、堂々と自分の立場を主張し、一方で対立する相手の意見も受け入れる。そういう行動がとれる人間を生み出していくことを、フットボールやベースボールを育てた人々は望んでいたのではないでしょうか。

教わる、発見、とトルシエ、ジーコ

最近しばしば、子どもたちの口から「それ、習ってないよ」という抗議の声を聞きます。スポーツの技術のみならず、社会常識や一般教養などについて、質問したり、どれだけ認識しているかを確認した時に、しばしば返ってくる反応です。未知なもの、不確実なものを問われたときに、「何だろう」「どうすればいいのだろう」という方向に意識が向かわず、まず

「教えてもらっているか否か」という観点で判断します。そして、もし教えてもらっていたのに自分が忘れていたり、身につけていない、ということになれば、それは自分が悪い、ということになります。逆に、教えてもらっていないことを問われたり、求められたりしたのなら、それは自分たちに対する理不尽な接し方だと憤慨するのです。

これは、子どもたちの中に、知識、技術などは「大人から教わるもの」という認識が強く根付いていることを示す現象だと思います。第3章―2の中で、昨今、習い事の占める時間が増えたことで、子どもたちが主体性をもって試行錯誤する機会が減り、受動的に知識を受け取る活動が増えていくことの懸念を指摘しました。子どもが自ら進んで発見しよう、調べてみようとする環境は年々、失われています。できないこと、知らないことに遭遇すると、「それは習っていない」と、教わっていないことはできなくても当たり前なのだと言わんばかりに胸を張って居直る子どもを見ると、子どもたちに蔓延した「習い事社会」の弊害を感じざるを得ません。

私はこうした子どもたちに接すると、ジーコ監督が就任していた頃(2002年〜2006年)のサッカー日本代表を思い出します。ジーコの前任者トルシエ(1998年〜2002年)は、強権を発動し、自らの理論、戦術に強引に選手を適応させる方法でチームを率いました。試合の進め方に関しても、「30%は個人の創造性」と公言していたものの、現実には細部まで規定されていることが多く、選手が自分の考えを提案しても受け付けないことがほとんどでした。トルシエが率いた日本代表は2002年W杯でベスト16に進出しましたが、それが快挙であったのか、それとも、くじ運に恵まれながらベスト8進出の機会を逸した失策だったのか、現在でも意見が分かれるところです。

ともあれ、トルシエ退任後に代表監督に就任したジーコは、そうしたトルシエ流のチーム管理の限界を指摘しました。指示されたとおりに機械的に動くことでは、一定の成果は得られても、さらに上のランクにはステップアップできない。与えられたことを消化するだけでなく、選手自らが考え、工夫し、新しいものを創造していく姿勢がなければ進歩はない、としたのです。そのため、あらゆることに事細かに口出しをしたトルシエとは異なり、ジーコは大きな枠組みを規定するのみで、個々の事象に対しては選手が自主的に判断し解決することを望んだのです。

チームには混乱が生じました。「何も指示してくれない」「どうすればいいか、わからない」といった趣旨の不満が噴出しました。報道する側のスポーツメディアも、「確固たる戦術がない」「プレーに約束事がない」と、ジーコの指導力を疑問視する論調が繰り返し示されました。「型を決めろ」「約束事を増やせ」と連呼するスポーツメディアに接して、私はジーコの望む理想のチームづくりを消化するには、日本のスポーツ界は未熟すぎると失望したものです。「教わっていない」と胸を張る子どもたちを見るにつけ、その姿が「何も指示してくれない」と不満を漏らしていた選手と、「もっと型を決めろ」と主張していたスポーツメディアに重なって見えてくるのです。

人は生来、よりよく知り、より深く理解したいという欲求を持っています。それは、当面の課題達成をめざす「現在志向」の欲求と、特定化されていない将来に向けた「将来志向」の欲求があるといいます（『人はいかに学ぶか』稲垣佳世子・波多野誼余夫著、中公新書、1989年）。目前の課題を解決するだけでなく、なぜそうなるのか、どういう法則、原理が潜んでいるのか、ということを発見し、より確かな理解に結びつけたいとする「将来志向」の知的欲求は、人間を進歩させるための大切な要素です。

しかし、そうした将来志向の知的欲求を発動させるには、その意欲を支える「心的エネルギー」が必要とされます（同著）。現状の課題を解決することにそのエネルギーの多くを注入し、常にフル回転の状態になっていれば、将来志向の欲求にエネルギーが振り分けられることはありません。与えられ、指示された課題に対しては、まじめに取り組むものの、それ以上の発展、探求、進化に関しては強い好奇心を示さず、「次をやりなさい」と指示されるまで待つ、という子どもたちや、知識や技術を「習っているか、否か」で判断する子どもたちを見ていると、まさに心的エルネルギーの渇望を感じるのです。

現在、多くの子どもたちはスポーツ以外の習い事に忙殺されています。その合間を縫ってスポーツ活動に参加しても、次はこの試合、その次はこの大会、と、まるでフォアグラの鳥が無理矢理えさを食べさせられるように次から次へと課題が提示され、その一つひとつでミスのない勝利を義務づけられているとしたら、子どもの心的エネルギーのタンクは、すぐにからっぽになってしまうでしょう。そして、目前に提示された課題をこなすことで精一杯の毎日からは、ジーコの望むような創造性、自立した強さが生まれる期待は持てません。「あとは自分で考えろ」と言われても、どうしてよいかわからず、「型を決めてくれ」「約束事を決めてくれ」と要求する人間になってしまうのです。

第2章―2では、よりよいプレーをするためのイメージづくりとして、深く心に刻まれる体験が大切と紹介しました。これは、昨今、「アハ体験」などと表現されているものと同様の考え方です。自分で試行錯誤した末に、突然、閃いて発見したこと、理解したことは、とても記憶に残りやすいことは誰もが体験しているでしょう。「あっ、そうか」と思った時の感激は、深く心に刻まれるものです。スポーツの上達も同じです。技術の獲得に際して「あっ、これだ」と体感する瞬間が大切なのです。

深く確かに刻まれる一瞬の閃き体験。それは、人から強制された活動を粛々と無難にこなしている中では会得しにくいでしょう。どうなるのか、なぜそうなのか、どういう違いがあるのか、そうした意思を働かせながら試行錯誤する中から会得できるはずです。そして、そうした積極的な試行錯誤を繰り返すためには、多くの心的エネルギーが必要です。

心的エネルギーを蓄えるには、日常の課題や目前の結果に追われない、余裕のある生活が必要です。巧拙、記録、勝敗に追われる毎日からは心的エネルギーは生まれません。心的エネルギーによって探求されていない活動、言い換えれば、人から「やらされている活動」、さらに言葉を換えれば「自ら発見せず、人から習うばかりの活動」は、やがて中学、あるいは高校でバーンアウトにつながっていきます。

3——権威、権力に迎合しない人間になれ

情に訴えるしかなかった悲しい思い出

1980年のモスクワオリンピックは、日本のアスリートにとって暗く悲しい思い出でしかありません。

1979年12月、ソビエト連邦（当時）がアフガニスタンに軍事侵攻したことへの対抗処置として、アメリカ大統領ジミー・カーター（当時）は翌80年1月、同年7月に開催されるモスクワオリンピックへの参加ボイコットを表明し、西側諸国に同調を求めました。日本政府は2月、アメリカの意思を受け大会ボイコットの方針を決定しました。長年、目標にしてきた大会を直前で断念させられた代表選手たちのショックは大きく、ボイコット撤回を訴える声が高まりました。

しかし、80年5月に行われたＪＯＣ総会の投票では、不参加29、参加13、棄権2でボイコットの受け入れが決定されました。もちろん、ボイコットを受け入れたことは、各競技団体の素直な意思ではありません。ＪＯＣは当時、日本体育協会の傘下にあり、その日本体育協会の予算の半分以上が国庫補助でまかなわれていたため、政府の意図に反した行動を取るには大きな壁がありました。オリンピックに参加したいという意思を示した競技団体などに対しては、予算配分を大幅に減額するといった圧力がかかったのです。政府から配分される補助金が頼りだったアマチュア組織にとって、「言うことを聞かねば金は出さない」と言われれば、万事休すです。苦渋の選択としてのボイコット受け入れでした。

日本のみならず、多くの西側諸国がボイコットに同調する中で、イギリス、フランス、イタリア、オランダ、ベルギー、オーストリア、スペイン、ポルトガルなどは参加を表明しました。特にイギリスでは、当時のサッチャー政権がボイコット支持を表明していたことから、政府とBOA（英国オリンピック協会）との意思は対立しました。しかしBOAは政府の方針に従わず、政府支援を受けずにオリンピックに参加することを決定しました。この点ついて、BOAのホームページには、以下のように記されています。

The British Olympic Association led by Sir Denis Follows, showed their independence by deciding to compete in the face of government opposition.

（デニス・フォロー卿が率いる英国オリンピック協会は、政府決議に面と向かって対決することで、自らの独立性を誇示した）

ただし、彼らはソ連のアフガニスタン侵攻を容認したわけではないという意思表示は忘れませんでした。開会式の入場行進には団長一人のみが参加し、選手は行進しませんでした。また、英国選手は5人が金メダルを獲得しましたが、その際、掲揚されたのはユニオンジャックではなく五輪旗で、吹奏されたのもゴッド・セーブ・ザ・クイーンではなく、オリンピック賛歌でした。BOCのホームページでは、この点について以下のように示してします。

The British team competed under the Olympic flag and all five gold medals were celebrated to the strains of the Olympic anthem, the BOA's way of registering opposision to the Soviet invasion of Afghanistan.

（英国選手団は五輪旗の下で闘い、5つの金メダルのすべては五輪賛歌の調べにより祝福された。それこそが、ソ連のアフガニスタン侵攻反対に対するBOAの意思表示の方法だった）

私は当時、we believe sport should be a bridge, and not a destroyer.（スポーツは架け橋になるべきであって、破壊者になるべきではない）としたデニス卿の言葉と、その言葉の下、毅然とした意思を示した英国選手団の行動に大きな感動を覚えました。自らの意思をきちんと持ち、何ものの圧力にも屈せず、純粋にプレーする道、競い合う道を独自の方法で切り開く。これぞ、スポーツマン本来の心意気、さすがは近代スポーツを発祥させた人たちの末裔の振る舞い、と深く感銘を受けたのです。

一方、日本選手団はというと、金メダル有力とされた選手の何人かが、涙を浮かべながら「夢だったオリンピックに行かせてください」「何のために生きてきたのかわからなくなってしまいます」などと情に訴えることが精一杯でした。一方は政府決定に楯突くこともいとわず、国旗掲揚、国歌吹奏にも独自の方法を提案するなどしながら、信念の下に行動できる。

もう一方は、泣いて気持ちを訴えることしかできない。この差は何なのだろう、と深く考えさせられました。

もちろん、日本選手が情に訴えるしか方法を持ち得なかった原因の一つは、アマチュアスポーツが国の支援に頼って国際的な活動をせざるを得なかった当時の制度上の問題です。しかし同時に、そもそも彼らが、ＢＯＡのように「お上」に逆らってでも独自の生き方、身の処し方を考え、主張するという発想自体を持ち得ない育ち方をしている、という側面もあると思います。日本では、スポーツをする者は組織、連盟、監督、コーチという、自分の上位にある絶対的存在に従属し、上意下達によって己を滅して精進する、という精神構造が堅持されているからです。そうした環境下、スポーツマンたちは眼前の練習、試合に集中することだけが重要であり、政治や社会思想に関心を持つこと自体が、好ましからざることという風潮があります。

自分が関係する組織、団体、あるいは指導者に何か問題が起きたとき、コメントを求められたスポーツ選手たちが決まって口にするのが「私たちは精一杯プレーすることしかできませんから」という言葉です。私は、この言葉には二つの意味が隠されていると思っています。一つは、自分はスポーツでお金を消費する一方の立場で、何の利益も生み出していない。そんな自分が、スポーツする機会を与えてくれている組織、人々に苦言を呈したり、批判したりすることはできない、という意味です。もう一つは、そもそも、そうした思想、哲学、社会的問題などを深慮熟考するようなことは、物心ついた頃からあまりしたことがなく、ただひたすらスポーツの上達だけに注力する生活をしてきたので、実はよくわかりません、という意味です。

いずれにせよ、日本のスポーツマンは、ひたすら組織、指導者に対して受動的である立場で育つことが多く、また、幼少期から練習、大会漬けのスケジュールで限られた世界しか見聞しないまま成長する例も少なくありません。「スポーツ以外、余計なことは考えるな」と指導される例もあります。その結果、成人しても能動的に社会事象に関わるというスタンスが持ちにくく、選手としては一流でも社会的には未熟者、という例も少なくありません。日の丸の代わりに五輪旗を掲げ、君が代の代わりに五輪賛歌を聴く形で参加しよう、などという発想自体、浮かびようのない環境なのです。

スポーツは権力に利用されやすい

私は、日本のスポーツマンは、今よりもっと自分の頭で考え、それを整理して主張するようになる必要があると思っています。また、スポーツマンは競技に関わる狭い世界だけではなく、より社会を俯瞰した視点を持ち、さまざまな社会事象に関心を持ち、自分の立場から、それらにどのように関われるかを考える必要があると思っています。なぜなら、スポーツとスポーツマンは時として容易に権力に利用され、権力に都合の良い思想、潮流をつくることに助力してしまう危険に晒されているからです。

坂上康博・一橋大学教授は『権力装置としてのスポーツ』（講談社、1998年）の中で、日本の近代史の中で政治権力に翻弄されたスポーツを追っています。その中からいくつかの事例を見ていきましょう。例えば1920年代に台頭した大正デモクラシーの潮流に押された学生運動は、当時の政治体制を批判するものとして激しい弾圧を受けました。若者の思想が体制批判に傾倒していくことを恐れた政府・文部省（当時）は、「思想善導」というスローガンを打ち出し、その手段としてスポーツを奨励する運動を推進します。その契機となったのは、学生関係者129名を含む千数百名の反体制的活動家が治安維持法違反容疑で逮捕された3・15事件（1928年3月15日）でした。

若者の反体制的行動を制御し、そのエネルギーをスポーツに向けることで、思想を「善導」するという試みが、国を挙げてなされていきます。文部省の主導で現在の各都道府県体育協会のルーツとなる組織が整備され、公的な助成金の交付が始まるのもその一つです。こうした流れの根底には、「殊に目下国民の思想状態を顧みその醇化を図る点から考へましても体育運動の堅実なる発達を促すことは極めて緊要」とした、当時の文部大臣、田中隆三の言葉に代表される、政府の強い意図がありました。

現在、私たちが何気なく行っているラジオ体操も、当時のこうした潮流に乗って普及していきました。そこで強調されたことは、同じ時刻に同じ動作を集団で一斉に行うということでした。1930年に開催された「明治神宮鎮座十周年奉祝体操祭」は、現在の日本体操協会の前身、全日本体操連盟が主催し、文部省などの公的な後援を受けて児童・生徒約3000名を動員して開催されたイベントです。それは1932年からラジオにより全国中継されますが、その時、使用されたのがラジオ体操でした。この活動の広がりには、国民の健康増進という目的もありましたが、一方で、多くの国民が異なる場所にありながら同時に同じ行動をとるという機会を、身体運動を介してつくり出したという点に大きな意味がありました。体操祭の実施日が明治節（明治天皇の誕生日＝11月3日、現在の文化の日）であることも、挙国一致による愛国心の集結というイメージを強調しました。

戦争にもスポーツは利用されていきます。1932年ロスアンゼルスオリンピックで日本選手団は、三段跳びの南部忠平、200m平泳ぎの鶴田義行らの活躍で、金メダル7個をはじめとする目覚ましい活躍をしますが、彼らが凱旋帰国した際、新聞の一面には五輪選手団と並んで、前関東軍司令官・本庄繁中将の写真が掲載されました。前年に勃発した満州事変を契機に、中国北東部に傀儡国家「満州国」を建国した功労者と称された軍人です。満州事変はリットン調査団により、日本の中国に対する内政干渉という結果がまとめられ、日本は国際的な批判の対象となりました。そうした世界の反日的潮流、特にアメリカの反日感情を和らげるとともに、世界に対する日本の力を誇示するのに活用されたのが、ロスアンゼルスオリンピックでの選手団の活躍だったのです。

1936年のベルリンオリンピックが、ヒトラー率いるナチス政権の誇示のため利用されたことはよく知られています。聖火リレーはこのベルリン大会から始まりますが、聖火の辿るコースはナチス侵略の行程をイメージしたものだったと言われています。言うまでもなく、軍帽を被って参加した日本選手団は、ナショナリズムの象徴になっていました。スポーツの国際舞台で活躍する日本人選手は、日本の国力、軍事力誇示を代弁する象徴だったのです。

1949年から1990年までの間存在した東ドイツは、オリンピックで夏季、冬季合わせて192個の金メダル、165個の銀メダル、162個の銅メダルを獲得し、スポーツ大国として名を馳せました。こうした東ドイツの実績は、国威発揚のための国策に支えられたもので、好成績は国家の全面支援を受けた選手の徹底した強化の成果でした。後に明らかになるのですが、東ドイツの多くの選手はドーピンクを行っており、引退後も後遺症に悩まされたり奇形児を出産したりしています。国威発揚の道具にされた選手たちの異常な「その後」

については『衝撃　東独スポーツ王国の秘密』（長谷川公之・山本茂著、テレビ朝日、1990年）にレポートされています。

東ドイツのみならず、ベルリンの壁崩壊前の社会主義国家の多くは、国威発揚の手段としてスポーツを利用し、選手はその道具とされていました。国際大会でポールに国旗を掲揚し、国歌を吹奏する宣伝効果のためにスポーツは利用されたのです。2008年北京オリンピックも、人権抑圧のイメージが強い中国が先進近代国家の衣をまとうために必要とされたイベントと言われています。さらに、北京開催決定にはサマランチIOC会長（当時）の強い意志が働いていたとされますが、それは、数々の問題を抱える中国に「平和」の象徴であるオリンピックを招致した実績で、ノーベル平和賞の受賞者となることを念頭に置いたからとも言われています。

こうして、明るく、さわやかで、人種、言語を超えた華やかな祭典のイメージがある一方、好記録、好成績が人々に強いインパクトを残すスポーツは、しばしば権力者たちに利用され、スポーツ選手はその道具として使い回されます。スポーツ選手は、メッセンジャーとして権力者の意のままに私たちの心をコントロールする装置にされてしまう恐れがあるのです。

ところで、現在、多くの公立中学、高校で、部活動への強制参加、という制度があります。放課後の課外活動は本来、自由参加であるはずなのに、とりたてて参加したい部活動がなくても、必ず何かの部に所属することを強制するのです。こうした制度がまかり通っているのは、まさに昭和初期に取り沙汰された「思想善導」の名残なのではないでしょうか。放課後生徒を自由にさせておくと、ろくなことをしないはずだ、部活動で拘束しておけば、少なくともその間だけは彼らの行動を「正しく」管理できる、という考え方が根底にあるのではないでしょうか。

この考え方には、戦前のラジオ体操が重視した、「皆が同一の方向を向き、一斉に同じ運動に従事することの意義」が見え隠れします。個々の考え、行動を自由に発展させるような機会を与えることは避け、なるべく画一的な枠にはめ込んでしまえば、それが「善き」行動に結びつくはず、という思想です。画一性の中に押し込め、一斉管理をたやすくするために普段から上意下達のシステムを徹底する。そんな方法が、今でも当然のように活用されているように思えてなりません。

「思想善導」というような奇策がまかりとおった時代から80年近くたちますが、画一、統制、没我、愛国、といった概念は、いまだにスポーツの中に色濃く残されたイメージです。スポーツマンとはこれまで、体は丈夫でよく働くが、命令には文句を言わずに黙って従うという、権力者にとって非常に都合の良い市民であったと思います。私は、スポーツマンとはむしろ、プレーと同じように各自が自分の視点、意見を持ち、それを恐れることなく主張できる人間であってほしいと思っています。

そのために、この本の中で繰り返し述べているように、少年時代から常に自分の頭で考え、自分の判断をプレーで表現し、自ら反芻、修正できる力を、スポーツを通じて養ってほしいと思うのです。

古田敦也とモハメド・アリ

権威、権力に屈せず、自らの意思を堂々と貫いたスポーツマンというと、私はすぐに日米二人の選手を思い浮かべます。

一人は、プロ野球・元ヤクルトスワローズ捕手の古田敦也さんです。古田さんは現役時代の2004年6月、経営難による近鉄バファローズ、オリックスブルーウェーブの合併問題から生じたリーグ再編などの問題に際し、選手会会長として球団オーナーのグループと、選手としてプレーする合間にタフな交渉を続けました。当時、オーナーグループの中には、近鉄・オリックスの合併を機にチーム数を削減し、これまでの2リーグ制を1リーグ制に統合する案を強く主張する潮流がありました。

オーナーグループには、プロ野球を企業の宣伝媒体としてのみ考え、人気球団の視聴率に頼った運営に傾倒していく流れがありました。経営難を分析する視点も曖昧で、経営改善に関するビジョンも不明確でした。これに対して古田さんは、世界のスポーツビジネスの実例、メジャーリーグの経営、地域とスポーツの関係などの研究をもとに、より長期的ビジョンに立った球団経営、リーグ運営を主張しました。交渉で障害になったのは、こうした互いの主張のズレばかりではありませんでした。そもそも、選手という被雇用者が、雇用主である経営陣にもの申すという姿勢自体が前代未聞という視点が、オーナーサイドにはあったのです。「たかが選手が」と吐き捨てた読売ジャイアンツ・渡辺恒雄オーナーの言葉が、それを象徴していました。

古田さんら選手会は、苦渋の決断として2004年9月18日、19日の両日、70年の日本プロ野球史上初めてのストライキを決行しました。ファンあってのプロ野球でストライキを決行することは、ファン不在の批判も受けかねませんでしたが、多くのファンは古田さんの奮闘に共鳴し、ストライキを容認しました。その結果、近鉄・オリックス合併に伴うチーム減少に対しては新規チームの参入で補てんすること（東北楽天が参入）、2リーグ制は維持されること、などが認められました。

古田さんが多くのファンの共鳴を呼んだのは、彼が選手の利益ばかりに目を向けてオーナーと対峙したのではなく、より広い視点で日本のプロ野球全体の発展を念じていることが伝わったからでしょう。さらに、旧態依然とした価値観の中で頭の固さを露呈するオーナーたちに対して、古田さんは最新のスポーツ事情をよく勉強し、ファンが望む野球のあるべき姿を理解し、一歩も二歩も先を行く視点を持っていることが明らかだったからでしょう。

古田さんは、捕手としての通算最高打率、通算盗塁阻止率最高記録を持ち、ゴールデングラブ賞10回、ベストナイン9回、最優秀バッテリー賞6回、日本シリーズMVP2回、首位打者1回、など選手として数々の栄光を重ねながら、一方で、規約、法律を睨みながら野球界の権威、権力の象徴であるオーナーの集団と正面切って交渉を続け、12球団全選手の先頭に立つリーダーシップを発揮しました。スポーツマンに必要なことは心・技・体のバランスといいますが、古田さんにはさらに知（幅広い知識）、理（説得力ある理論）、意（揺るがない意思）、も備わっていると思います。

プレーに秀でながら、知性に優れ、しかも権威、権力に対峙しても動じない多彩な理論と強い意思を持つ。心・技・体・知・理・意を兼ね備えた古田さんに、私は理想のスポーツマン像を見るのです。

もう一人、忘れてならない人がいます。元プロボクシング世界ヘビー級チャンピオンのモハメド・アリです。カシアス・マーセラス・クレイ・ジュニアとして生まれ育った彼は、1960年ローマオリンピックのライトウエルター級で金メダルを獲得した後、プロに転向します。大男が足を止めて剛腕を振り回すという当時のヘビー級ボクシングに、彼は軽やかなフットワークとスピーディーなパンチという新しいスタイルを導入しました。また、試合前に挑発的なメッセージを連発してメディアを賑わせ、より人々の注目を集めるという今や格闘技界では常套手段となった振る舞いも、もともとは彼が定着させたものです。

予告したラウンドにノックアウトするなど、華々しい活躍を重ね、1964年、ソニー・リストンをKOで破り世界チャンピオンになります。その後、9度の防衛を続けますが、彼は同時に、反人種差別、反戦を強くアピールする活動家としても知られるようになります。試合前の挑発的な発言のみならず、メディアに登場するたびに反人種差別、反戦に関する強烈なメッセージを発し続けました。カシアス・マーセラス・クレイ・ジュニアは白人の奴隷として名付けられた名前だとし、モハメド・アリと改名しました。そんな彼に1967年、ベトナム戦争に参戦中のアメリカ軍から徴兵の知らせが届きます。

タイトル防衛を続ける現役世界チャンピオンへの召集令状は、もちろん、万人の平等を標榜するアメリカ国家において、チャンピオンとて例外ではないという原則に基づいたものでしょう。しかし、当時、最も人々に注目され、人気絶頂のチャンピオンが、ことあるごとに反政府的な発言をしては困ると判断した政府が、彼を狙い撃ちして召集したと考えても不思議ではありません。どんなに批判をしたとしても、所詮、一個人の振る舞いなど国家権力の前では無力なのだ、ということを誇示したかったと考えても、不自然ではないでしょう。アメリカ政府は、従順に兵役に従事するモハメド・アリをメディアで報じることで、国家に屈服したチャンピオンを描きたかったのでしょう。

しかし彼は屈服しませんでした。断固、徴兵を拒否したのです。その結果、アリは世界チャンピオンの座を剥奪され、ボクシング界から3年間、追放されます。25歳、絶頂期にあったアリがそのままチャンピオンとしてボクシングを継続していたら、防衛記録など、どれほど偉大な功績が残されたことでしょう。

ボクサーとして絶頂期の3年間を棒に振ったアリは1970年、カムバック戦を勝利で飾ります。しかし71年、王座奪還を念じてチャンピオン、ジョー・フレイジャーに挑みますが、ダウンを奪われて敗れます。73年には、アリ不在の間に台頭したケン・ノートンと対戦し、あごを骨折して敗れます。多くの人が兵役拒否によるブランクでアリの時代は終わったと思い、引退もささやかれました。しかしアリは74年、「牛をも殺す」と形容されたハードパンチでフレイジャーをKOしチャンピオンになっていたジョージ・フォアマンに挑戦します。「アリが何ラウンドまで立っていられるか」とまで言われた、圧倒的不利の予想の中での試合でした。しかし、アリはそれを覆し、8ラウンドKO勝ちで王座に返り咲きます。自信満々でハードパンチを振り回すフォアマンに対して終始ディフェンスに徹して疲労を誘い、わずかな隙に速射砲のようなスピードパンチを連打しての見事な勝利でした。

夢と希望、そして財産のすべてが集約されている世界チャンピオンの座を剥奪され、二度と訪れることのないボクサーとしての絶頂期を台無しにされても、決して権力の横暴には屈せず、自らが抱く信念を貫くというアリの強い意志には、敬服するほかありません。しかもアリは「自分は権力に負けたまま終わりはしない」という意思を誇示するかのように、キャリアの下り坂にさしかかった体に鞭打ち、絶頂期には考えられなかった惨めな敗北を乗り越えて王座に返り咲きます。フォアマンを倒した勝利は、単なるボクシングの勝利だけではなく、アリを権力で黙らせようとしたアメリカ政府に対するリベンジでもあったと私は思っています。

アリほどスケールの大きな行動ができずとも、力のあるものに唯々諾々と従うだけでなく、正々堂々と自分の意思を表明し、場合によっては対立することも厭わない。そうした自分のスタンスを裏付けるための哲学、思想を持ち、それを常に理路整然と語ることができる、ということは、スポーツマンにとってとても重要なことと思います。

日本のスポーツ少年がみな、古田さんのように心・技・体・知・理・意が備わった選手に育つよう、また、モハメド・アリのように、圧力に屈せず強い信念を貫ける人物に育つよう、願っています。

［著者略歴］

永井　洋一（ながい　よういち）

1955年生まれ。成城大学文芸学部マスコミュニケーション学科卒業。大学在学中から地域に根ざしたサッカークラブの創設・育成に関わり、その実績をかわれて日産FC（現横浜F・マリノス）の下部組織創設に参画。現在もNPO港北FC（横浜市）の理事長として組織運営・育成指導に尽力する。88年から現場の経験を生かしてジャーナリスト活動を開始。サッカーの他、コーチング、トレーニング、スポーツ医科学、教育などの分野で幅広く取材・執筆、講演活動を展開する。英国のサッカー風土にも造詣が深く、CS放送イングランド・プレミアリーグの解説者としても活躍中。ブログ「永井洋一のフットボールスピリット」も好評。著書に『絶対サッカー主義宣言』『日本代表論』『ゴールのための論理』（以上、双葉社）、『スポーツは「良い子」を育てるか』（日本放送出版協会）、『少年スポーツ ダメな指導者 バカな親』(合同出版)など。

賢《かしこ》いスポーツ少年《しょうねん》を育《そだ》てる
みずから考《かんが》え行動《こうどう》できる子《こ》にするスポーツ教育《きょういく》

NDC375/viii, 245p/19cm

初版第一刷発行——二〇一〇年八月二〇日

著　者——永《なが》井《い》洋一《よういち》
発行者——鈴木一行
発行所——株式会社　大修館書店
〒101-8466 東京都千代田区神田錦町三-二四
電話 03-3295-6231（販売部）
03-3294-2358（編集部）
振替 00190-7-40504
［出版情報］http://www.taishukan.co.jp

編集協力——錦栄書房
装丁者——石山智博
印　刷——三松堂印刷
製　本——ブロケード

ISBN978-4-469-26704-4　Printed in Japan